工程管理专业“十四五”规划教材

# 工程项目管理理论与创新

侯学良　侯意如　王　毅　编著

首都经济贸易大学出版社
Capital University of Economics and Business Press
·北京·

图书在版编目（CIP）数据

工程项目管理理论与创新 / 侯学良，侯意如，王毅编著．
-- 北京：首都经济贸易大学出版社，2023.8
ISBN 978-7-5638-3574-4

Ⅰ．①工… Ⅱ．①侯… ②侯… ③王… Ⅲ．①工程项目管理—高等学校—教材 Ⅳ．①F284

中国国家版本馆 CIP 数据核字（2023）第 150480 号

工程项目管理理论与创新
侯学良　侯意如　王　毅　编著

---

责任编辑　彭　芳
封面设计　郑　琦
出版发行　首都经济贸易大学出版社
地　　址　北京市朝阳区红庙（邮编 100026）
电　　话　（010）65976483　65065761　65071505（传真）
网　　址　http://www.sjmcb.com
E-mail　publish@cueb.edu.cn
经　　销　全国新华书店
照　　排　北京砚祥志远激光照排技术有限公司
印　　刷　唐山玺诚印务有限公司
成品尺寸　170 毫米 ×240 毫米　1/16
字　　数　149 千字
印　　张　10. 25
版　　次　2023 年 8 月第 1 版　2023 年 8 月第 1 次印刷
书　　号　ISBN 978-7-5638-3574-4
定　　价　35. 00 元

---

# 前　言

本书主要是为高等院校培养工程管理专业人才而编写的专业教材。全书共五章，即工程项目管理概论、工程项目管理的对象、工程项目管理的现状与创新途径以及两个工程项目管理创新案例。前三章是对工程项目管理理论的阐述，后两章则是在明确工程项目管理理论的基础上，就如何开展工程项目管理创新进行的案例解析。

与其他同类书籍相比，本教材不仅将工程项目管理理论知识进行了凝练，从而为读者快速掌握工程项目管理的核心知识提供了便利，而且论述了当前工程项目管理中存在的问题，阐述了工程项目管理的发展趋势，提出了工程项目管理的创新途径，并给出了工程项目管理的创新范例。这些内容对提高工程管理专业教学水平和企事业单位工程项目管理水平都具有很高的参考价值。因此，本书不仅可作为高等院校工程管理专业的教材，而且可作为工程建设主管部门、工程科研单位、工程建设监理单位等的工程项目管理者和决策者的培训教材。

目　录


1　工程项目管理概论 ………………………………… 1

1.1　工程项目管理的内涵 ………………………………… 2

1.2　工程项目的建设程序 ………………………………… 3

1.3　工程项目管理的内容 ………………………………… 8

1.4　工程项目管理知识体系 ……………………………… 10

1.5　工程项目的阶段划分 ………………………………… 14

1.6　工程项目管理的特点 ………………………………… 16

1.7　工程项目管理的发展历史 …………………………… 20

2　工程项目管理的对象 ……………………………… 23

2.1　工程项目的计划管理 ………………………………… 24

2.2　工程项目的组织管理 ………………………………… 27

2.3　工程项目的质量管理 ………………………………… 31

2.4　工程项目的进度管理 ………………………………… 33

2.5　工程项目的费用管理 ………………………………… 37

2.6　工程项目的安全管理 ………………………………… 40

2.7　工程项目的资源管理 ………………………………… 42

2.8　工程项目的信息管理 ………………………………… 43

2.9　工程项目的合同管理 ………………………………… 46

2.10 工程项目的其他管理 …… 49

3 工程项目管理的现状与创新途径 …… 53

3.1 工程项目管理的现状 …… 54
3.2 工程项目管理的模式 …… 54
3.3 工程项目管理技术 …… 57
3.4 工程项目管理理论 …… 59
3.5 工程项目管理实践 …… 61
3.6 工程项目管理的发展方向 …… 63
3.7 工程项目管理的新特点 …… 65
3.8 工程项目管理中存在的主要问题 …… 68
3.9 工程项目管理的研究现状 …… 71
3.10 工程项目管理的创新途径 …… 72

4 创新案例之一
——基于循证医学科学的工程项目管理新思想 …… 75

4.1 循证医学的基本内涵 …… 77
4.2 循证医学的起源与背景 …… 79
4.3 循证医学的意义与价值 …… 82
4.4 循证科学的核心思想 …… 83
4.5 循证科学的应用原则 …… 84

4.6 循证科学的实例举证 …… 89

4.7 循证医学的科学研究方法 …… 90

4.8 循证科学给工程项目管理带来的启发 …… 94

5 创新案例之二

——基于倍效理论的工程质量管理新方法 …… 99

5.1 我国住宅工程质量的总体现状 …… 101

5.2 住宅工程质量问题的调查结果统计与质量问题分类 …… 106

5.3 质量问题原因的调查与分析 …… 108

5.4 群因素及其分析方法 …… 116

5.5 群因素间的结构关系分析 …… 123

5.6 群因素的分类分析 …… 125

5.7 群因素间的结构关系模型 …… 133

5.8 群因素间的关系分析 …… 134

5.9 群因素间的关系判定 …… 136

5.10 倍效因素与倍效效应及其分析方法 …… 137

5.11 倍效因素的控制方法 …… 139

5.12 质量控制方法研究带来的启发 …… 150

参考文献 …… 153

# 1

# 工程项目管理概论

**工程项目管理作为一种先进有效的科学技术与管理方法，已在社会各个相关领域得到了广泛的应用，小到个人生活，大到国家规划，可以说无处不有，无时不用。特别是随着社会的不断发展和科学技术的进步，工程项目管理正在发挥越来越大的作用。因此，工程项目管理知识就成为各行各业、各类人员应当学习和掌握的专业必修知识。**

## 1.1 工程项目管理的内涵

工程项目是一个极具普适性的常用概念，不仅可以用于土木工程、道桥工程、航天工程、能源工程、电力工程、水利工程、农业工程、环境工程等专业工程技术领域，而且可以用于人口普查工程、爱心捐助工程、西部计划工程、全民健身工程、教育工程（如“双一流建设”）、精神文明建设工程等相关专业领域。现代管理学认为，工程项目是在一定时间内，为了达到预定目标而开展的一系列有组织的行为活动。工程项目一般具有以下四个方面的特征。

第一，工程项目都具有一定的目标。从广义上讲，这些目标既可以是生产有形产品，也可以是提供无形服务。

第二，工程项目的实施需要组织有关人员来完成。至于组织规模的大小和具体采用何种组织方式，则需要根据工程项目的类别和规模来确定。

第三，工程项目必须在规定的时间、范围和环境内完成。因此，工程项目的实施是在若干约束条件下进行的。

第四，工程项目的实施需要使用一定的人力、物力和财力等各类相关资源。因此，从某种意义上讲，工程项目是资源的组合体。

由此可知，工程项目包括目标、组织、约束条件和资源等四个基本要素，是为了实现工程项目目标而设计的，具体综合性、系统性等特点。更重要的是，随着社会的不断发展和科学技术的飞速进步，工程项目已被注入了新的思想，扩充了新的理念。现代工程项目管理不仅包括传统意义上的工程项目管理，而且更加注重人的因素。这就要求工程项目管理在考虑多方利益并践行合作共赢理念的同时，不断优化资源配置、快速反馈信息、科学做出决策，使工程项目的运行始终处于最佳状态，获得最佳工程效益。基于此，工程项目管理的内涵与外延已得到了很大程度的扩展，它不仅是一种科学的管理技术与手段，而且已成为一门专业学科的代名词。这一学科以工程项目管理对象为研究主体，基于工程实践，综合应用多种科学理论和工程技术，全面、系统地研究和探索工程项目建设中所遇到的各种理论问题和实际问题，为实现对工程项目的有效管理和控制而提出科学、实用的管理技术与方法。因此，工程项目管理就是为实现工程项目的预期目标，以工程项目整体为对象，应用系统、综合、科学的管理技术与方法，按照一定的科学步骤和规律，对工程项目进行全面管理和控制的过程。

当然，按照人们的传统认知，更倾向于将工程项目管理同以土木工程、电力工程、道路桥梁工程、电子通信工程等硬技术为背景的专业领域联系起来。为了保持这一认知的一致性，本书将以土木工程等硬技术为专业背景，对工程项目所包含的内容进行讲解。

## 1.2 工程项目的建设程序

根据我国的工程建设法规，工程项目的建设程序是指工程建设项目从其构思开始，经过必要的前期调研、可行性分析、初步设计和多方比较与决策，在此基础上提出工程项目是否投资建设的建议并得到上级主管部门批准后，组织项目参与各方来完成工程建设内容、实现工程项目建设目标的全部过程。对于这一过程，我国的相关工程建设主管部门基于大量工程实践案例，总结了中华人民共和国成立以来在工程建设中的相关经验和教训，逐步提出了符合中国国情的工程项目建设程序。从工程实践结果来看，尽管不同的工程建设项目在其性质、规模、承包方式、管理模式等方面具有一定的差异，但工程建设的基本程序通常都包括工程项目的项目策划、建设准备、项目实施和验收使用等四个方面。

**（1）项目策划**

项目策划是指工程建设方或业主拟通过工程项目的建设来促进自身技术进步、实现自身发展战略目标的设想与计划过程。这个过程会因工程项目的复杂程度与建设规模的不同而出现一定程度的差异，一般从工程项目的构思开始到其获得批准并正式立项发文为止。在此期间，有关方面（此处以企业为例）开展的主要工作有确定工程建设目标、构建工程建设框架、策划工程建设方案、编写工程项目建议书、提交工程项目建议书、开展工程项目可行性研究、项目报审和计划下达等。

第一，确定工程建设目标。为了促进企业的发展，企业决策者结合企业的发展战略以及当前乃至今后一段时间应解决的主要问题，提出通过拟建工程所要达到的相应目标。这一工作主要是企业自身的工作，企业具有完全的主动权。但其常常出于对多种因素的考虑，分析和决策过程往往相对较长。

第二，构建工程建设框架。企业在明确工程建设目标之后，需要开展市场调研，以了解与拟建工程紧密相关的各种情况。在此基础上，进一步明确工程的结构组成、建设规模及投资数额，并对拟建工程预期目标所涉及的各个指标做出初步的描述和设定，同时对拟建工程的可行性进行初步评估，从而构建起初步的建设框架并制订虚拟计划。

第三，策划工程建设方案。在明确工程建设内涵的基础上，企业根据工程建设目标策划和编制工程的总体实施方案，如工程总体功能定位、工程主要建设指标、工程总体建设框架、工程总体规划布局、工程建设的阶段划分、工程融资方案、工程设计方式、工程建设模式、后期运营模式及相应的组织策略等。

第四，编写工程项目建议书。企业在构建起工程建设的初步框架之后，需要对工程建设的可行性与必要性进行论证，并编写工程项目建议书。工程项目建议书是对工程总体目标、目前状况、相关问题、环境条件、项目定义和总体方案等的进一步说明与细化，也是工程项目开展可行性研究的前提、基础和必要条件，它可为后续开展拟建工程的可行性研究、工程设计和计划编制等提供指导。

第五，提交工程项目建议书。编写完工程项目建议书后，企业须将建议书提交至工程建设主管部门进行意向审批。工程建设主管部门会在综合考虑当地经济发展状况和国家相关发展政策的基础上，给出相应的指导性批示或相关意见。

第六，开展工程项目可行性研究。企业的工程项目建议书得到工程建设主管部门的批准后，需要组织开展更为详细的项目论证，并编写拟建工程的可行性研究报告。在开展可行性研究前，企业应对市场需求现状和与拟建工程紧密相关的政策、法律等情况进行广泛调查与深入研究。特别是对于大型、特大型建设工程项目来讲，为了慎重起见，有些需要花费几年甚至十几年的时间进行调研工作，如对拟建工程进行财务评价、国民经济评价和环境影响评价等，从而对实施方案进行全面系统的技术、经济等方面的论证与评估，以确保工程建设的价值与必要性。

第七，项目报审和计划下达。在完成工程项目可行性研究的基础上，企业须再将拟建工程的可行性研究报告提交至工程建设主管部门进行审批。工程建设主管部门会根据可行性研究结果，在综合考虑各种因素的基础上，就是否立项做出最后决策。项目一旦得到批准，该主管部门即可下达立项文件。项目立项文件和经批准的可行性研究报告将成为工程项目的任务书，并作为下一步开展工程项目初步设计的依据。

**（2）建设准备**

在拟建工程得到批准并获得立项文件后，申请工程项目建设的单位也就随即成为工程建设主管单位。为实现工程项目的建设目标，工程建设主管单位需要就如何开展工程设计、选择施工队伍、采购工程建设材料与设备、对工程项目进行管理、促使项目进行开工建设等内容，组织有关人员开展工作。其中，最为主要的工作有工程设计委托、工程招投标和办理工程建设相关手续等。

第一，工程设计委托。工程设计是指对工程建设所需技术的文字定义和图示说明，主要通过设计文件，如图纸、大样或模型等，对拟建工程的建造技术进行详细的描述。按照工程规模和复杂程度的不同，工程项目设计工作的复杂程度也有较大差异。对于一般工程项目而言，工程设计分为初步设计和施工图设计；对于技术相对比较复杂的建设项目而言，工程设计分为初步设计、技术设计和施工图设计。这些工作可由一家设计单位来完成，也可由多家设计单位来完成。设计单位一般通过招标方式来选取和确定，确定后的设计单位负责组织和实施工程设计中的各个专业分工与相互配合，并负责工程建设过程中的现场技术指导。

第二，工程招投标。工程项目是一项复杂的系统工程，它的完成不仅需要建设单位的科学组织与管理，而且需要设计单位、施工单位、监理单位和供货单位等各方的共同努力。在确定由哪些设计单位、施工单位、监理单位和供货单位来参与并完成这些工作时，采用的主要方式是工程项目的招投标。因此，工程招投标就成为工程项目建设前期准备工作中的一项重要内容。在工程招标中一般先选定的是设计单位。当设计单位完成设计任务后，再依据设计文件选择工程施工单位、监理单位、供货单位及参与项目建设的其他单位。

第三，办理工程建设相关手续。在工程项目开工建设之前，建设单位需要根据工程项目批文到政府规划管理部门办理建设工程规划许可证，并根据规划部门提供的规划设计条件和地形电子文件，委托有资质的工程设计单位进行总平面布置和工程设计，确定水、电、通信等使用计划。然后，建设单位再到政府土地管理部门办理国有土地使用证和有关批准文件，到政府规划部门认定的施工图审查机构审查已设计完成的图纸文件，到政府招投标管理部门依法开展工程招投标工作。同时，建设单位需要落实项目建设资金，并通过政府建设主管部门下达的工程年度投资计划和建设文件，到公安消防、人防、能源、市政、环保、质量监督等部门办理建设工程消防、人防、水电接入、道路使用、环评、质量监督等手续。在此基础上，根据相关批文和资料（如立项批文、土地使用通知书或土地使用证、地质勘察成果报告和施工图设计审查意见书、审查报告、施工图审查合格书、建设工程规划许可证、总平面规划图、拆迁许可证或施工现场具备施工条件情况表、中标通知书或直接发包通知单、施工合同、建设单位工程技术人员花名册、监理合同、建设工程质量监督书、建设工程建设资金表、人防批准文件、消防审核意见书、环保审核意见书、防雷设施施工图审查意见书、外来施工队伍工程备案登记表、施工组织设计、定额测定费缴费凭证、建筑工程团体意外伤害保险费缴费凭证等），依照政府主管部门规定的程序办理工程建设许可证，使工程开工建设具备合法条件。

**（3）项目实施**

在办理完所有的工程开工建设手续后，工程项目开工前还需要完成施工场地的平整、水电气的接通、道路的铺设、临时设施的搭建等工作。对于较为复杂的施工现场，可能还涉及其他更多的现场准备工作，如住户拆迁、农作物的赔偿、大面积的树木砍伐、坟墓的迁移、地下管道的改线等。待这些工程完成后，建设单位即可组织施工单位、监理单位、材料供货单位等按照工程设计文件和已签订的合同开展相应的工作。

在施工过程中，根据施工情况，建设单位可能还需办理噪声控制、污水排放、临时占道等手续；在完成工程现场放线定位后，还需要请建设规划主管部门进行规划验线；在完成工程重大主体结构后，还需要请工程质量主管部门进行工程质量的中间验收等工作，直至工程项目全部完工。

**（4）验收使用**

在工程完工后，需要开展的工作主要有工程验收、试运行和工程移交等。在工程验收中，不仅包括以工程建设单位为主的工程整体验收，而且包括由政府主管部门组织的质检综合评定、消防验收、环保验收、人防验收、建筑规划验收等。特别是由政府主管部门组织的工程竣工验收，需要工程建设和施工等单位将资料准备齐全后，方可申报工程验收。需要准备的资料包括工程竣工图纸、工程施工许可证、工程质量监督报告、工程勘察成果及施工图设计文件的审查批准书、工程使用功能试验资料、结构工程验收记录及检测报告、规划部门出具的认可文件或准许使用文件、消防部门出具的认可文件或准许使用文件、环保部门出具的认可文件或准许使用文件、人防部门出具的认可文件或准许使用文件、防雷设施验收报告、工程款支付情况表、设计变更通知书、施工重大质量事故处理记录、砼和砂浆抗压强度报告、原材料合格证及检验报告、隐蔽工程验收记录、沉降观测记录、勘察设计单位工程竣工质量检查报告、监理单位质量评估报告、施工单位工程竣工验收报告等。

对于工程竣工后的消防验收、环境保护验收、工程规划验收等，可依据公安消防部门、环保主管部门、工程规划主管部门的规定流程和要求，准备好相关工程建设文件和资料后提交验收申请。在验收过程中，对于含有大型设备的工程建设项目，还要组织系统总体试运行，待试运行合格达标后再移交使用单位进行使用。

从上述工程建设程序所包含的内容可以看出，工程性等特征建设项目极具系统性、复杂性等特征，在其实施过程中，不仅参与单位多、涉及范围广、涵盖内容多，而且这些单位的工作之间存在一定的先后顺序关系。若要确保工程项目的顺利实施，不仅需要建设单位做好自身的工作，而且需要建设主管部门、市政部门、设计部门、监理部门、材料供应部门、安全监管部门等的大力支持与配合。因此，在整个工程建设过程中，工程建设活动必须严格执行工程建设程序，以避免给工程项目造成不必要的损失。

## 1.3 工程项目管理的内容

从前述工程项目管理的定义可以得知，目标、组织、约束条件、资源是工程项目管理的四个基本要素。在工程项目管理中，这四个要素具有丰富的内涵，工程项目的所有管理对象都是由此而产生的。

（1）目标

在工程项目管理中，目标是指工程项目期望达到的目的或获得的成果。从这一点来看，工程项目的目标决定了工程项目管理者必须开展哪些工作、实施哪些项目和完成哪些任务，因而这就给工程项目划定了一个管理和实施的范围，与此无关的任务或工作则不被包含在某一具体的工程项目中。

（2）组织

此处的组织，是指由工程项目实施中涉及的上级决策者、领导指挥者、具体管理者、现场实施者、相关协助者等组成的群体。从组织方面来看，为了完成工程项目中的各种任务，项目管理者必然要组织有关单位、部门及人员开展有组织、有计划的工作。在开展这些工作之前，项目管理者必须先制订若干工作计划，采用一定的模式或程序，做出若干组织决策，编制有关制度规定。同时，为了促使各部门及人员在工程项目的实施中相互配合，高效率地完成工程项目中的各项工作和任务，项目管理者还必须对项目参与各方进行必要的组织与协调，及时解决工作中存在的各种问题。对于特别重要的项目任务，为了明确各自职责，项目管理者还需要通过合同这一法律手段对相关各方进行约束，使其按照预先约定，保质保量、按期完成任务。这样，组织模式、合同约束、人员或部门协调、前期计划和决策、各种方法的综合应用等，就成为工程项目管理中不可或缺的主要内容。

（3）约束条件

在实施工程项目的过程中，任何已完成的工程项目内容都必须满足规定的要求或达到规定的标准。因此，从约束条件这一方面来看，就意味着必须在规定的时间内，利用预先给定的资源，在预定的地点和环境中，并在保证符合预定质量要求的前提下完成工程项目的预定任务。这些要求和规定，就给工程项目设定了完成的时间、地点、费用、质量等约束条件。在实施中，一旦预设的条件发生变化，就有可能给项目预期目标的实现造成不利影响，甚至可能导致项目失败，因此工程项目的实施也是同各种风险相伴相随的。

**（4）资源**

显然，工程项目的建设离不开所需的材料、设备、工具、资金、能源、人员、技术、方法等资源。因此，从资源方面来看，工程项目管理者为了完成预定的任务，实现项目的预定目标，就必须利用有效的方法和技术手段来管理及控制工程项目。因此，项目中可利用的技术、材料、工具、设备、方法、信息等资源以及如何得到这些资源（如物资采购、人员组织等）就成为工程项目管理中必然包含的内容。

由此可知，工程项目是一个由目标、组织、条件和资源等组成的集成体，由此而确定的与工程项目紧密相关的工作范围、项目组织、建设时限、所需资源、规定的质量、可能存在的风险、相互约束的合同等就成为工程项目管理的主要对象；而在预定的时间内，在不超过预定费用的前提下保质保量地完成任务就成为工程项目管理的核心，时间、质量、成本由此成为工程项目管理的三大主要目标。

## 1.4 工程项目管理知识体系

工程项目管理知识体系的概念首先是由美国的项目管理协会（Project Management Institute，PMI）提出的。为了明确项目管理的范围，PMI将工程项目管理的知识和内容结构化，构建起所谓的项目管理知识体系。随着工程项目管理应用范围的不断扩展，特别是系统论、控制论、信息论和计算机技术等知识的融入，该知识体系的外延也不断扩大。因此，不同国家结合自身的特点，提出了不同的工程项目管理知识体系。从目前情况来看，具有代表性的项目管理知识体系主要有四大类，即分别由美国、英国、中国和国际项目管理协会（International Project Management Association，IPMA）提出的项目管理知识体系。

### （1）美国的项目管理知识体系

在PMI率先提出项目管理知识体系后，该协会按照项目的生命周期理论将工程项目管理分为启动、计划、执行、控制和结束等五个过程，并由此确定了工程项目管理体系的内容。后来经过若干次修改，将工程项目管理知识划分为九大领域，即范围管理、质量管理、时间管理、费用管理、采购管理、人力资源管理、沟通管理、风险管理和综合管理等。各类管理的内涵如表1.1所示。

表1.1 美国的项目管理知识体系领域划分

| 管理领域 | 管理内涵 |
| --- | --- |
| 范围管理 | 范围管理是分析和确定为达到项目目标所必须完成哪些具体工作的管理过程，该过程包含的工作主要有范围规划、范围界定、范围确定、范围核实和工作结构分解等 |
| 质量管理 | 质量管理是为确保项目达到预定的质量要求所进行的管理，主要包括质量规划、质量保证和质量控制等 |
| 时间管理 | 时间管理是为确保项目按时完成预定任务所进行的管理，主要包括活动排序、活动持续时间估算、制定进度表、进度控制与调整等 |
| 费用管理 | 费用管理是为确保项目按计划费用完成预定任务所进行的管理，主要包括费用估算、费用预算和费用控制等 |
| 采购管理 | 采购管理是采办或取得产品、服务或成果的管理过程，包括采购规划、发包规划、物资询价、招标投标、合同管理和合同收尾等 |
| 人力资源管理 | 人力资源管理是对项目团队的组织与管理，包括人力资源规划，以及项目团队组建、团队建设和团队管理等 |
| 沟通管理 | 沟通管理是为实现项目的有效管理而开展的多方交流与协作，包括相互沟通、信息互馈、冲突处理和关系协调等 |
| 风险管理 | 风险管理是对项目潜在危机进行的管理，包括风险识别、风险分析、风险应对和风险监控等 |
| 综合管理 | 综合管理是将项目管理的各个不同要素进行整合的管理，包括制定项目章程、项目初步范围说明书和项目管理计划，以及指导与管理项目执行、监控项目工作、整体变更控制和项目收尾等 |

**（2）英国的项目管理知识体系**

英国的项目管理知识体系是由英国的项目管理协会（The Association for Project Management，APM）提出的。该协会在明确了项目管理的知识范畴基础上，将项目管理知识划分为概述、战略、控制、技术、商务、组织和人员等七大领域，这七大领域又包括 37 个模块；同时整个体系又分成机会识别、设计与开发、项目实施、项目交付和项目后评价这五个系统。与其他国家和地区的工程项目管理知识体系相比，英国的项目管理知识体系包含的内容较为宽泛，内容重叠性较为明显。因此，在工程项目管理领域，该知识体系多被各国和地区用来作为其本国知识体系的参考。

**（3）IPMA提出的项目管理知识体系**

IPMA 总部设在欧洲，其成员主要来自欧盟成员国。考虑到各国的文化差异，IPMA 将项目管理分为技术、行为和环境三大知识领域、46 个模块，供欧洲各国根据其文化背景和管理需求进行选择和组合。这 46 个模块除包含英国项目管理知识体系的 37 个模块外，还包括系统方法与综合、项目成功与失败标准、项目技术状态与变化、项目文档与报告、业务流程、安全健康与环境、法律法规、财务会计、社会发展等模块。由此可以看出，IPMA 提出的并非严格意义上的知识管理体系，其内容更多是阐述从事工程项目管理工作的人员所应具备的能力和对从事工程项目管理工作相关人员的基本要求，并提出了从事工程项目管理工作的国际认证基准。因此，很多教育机构并没有以 IPMA 提出的知识体系为基准，而是将这些知识融于其各自的工程项目知识结构中。

**（4）中国的项目管理知识体系**

中国项目管理知识体系（Chinese-project management body of knowledge，C-PMBOK）是由中国（双法）项目管理研究委员会（Project Management Research Committee，China，PMRC）发起并组织实施的，于 2001 年正式推出，以用于各种项目管理

培训和国际项目管理资质认证（international project manager professional，IPMP）。

与其他国家和地区的工程项目管理知识体系相比，中国的工程项目管理知识体系是以工程项目周期为主线展开的。它从工程项目及项目管理的概念入手，按照工程项目实施的四个阶段，即概念阶段、开发阶段、实施阶段和结束阶段，分别阐述了每一阶段的主要工作及与之相应的知识内容，同时考虑到工程项目管理过程中所需要的共性知识及其所涉及的方法与工具，将项目管理分为范围管理、时间管理、费用管理、质量管理、人力资源管理、信息管理、风险管理、采购管理和综合管理等九大知识领域，整体上与美国的项目管理知识体系存在一定的共性，其体系框架和内含模块如表 1.2 所示。

表 1.2 中国的项目管理知识体系框架和内含模块

| 体系框架 | 内含模块 |
|---|---|
| 项目管理基础 | 概念阶段、开发阶段、实施阶段、结束阶段 |
| 周期阶段知识 | 范围管理、时间管理、费用管理、质量管理、人力资源管理、信息管理、风险管理、采购管理、综合管理 |
| 管理方法工具 | 项目化管理理念、项目化管理方法、项目化管理组织、项目化管理机制、项目化管理流程 |

与其他国家和地区的工程项目管理知识体系相比较，中国的工程项目管理知识体系具有以下特点。

第一，中国的工程项目管理知识体系以构建的工程项目管理学科体系框架为导向，明确了工程项目管理的学科定位，界定了工程项目管理学科的知识范畴，构建了工程项目管理学科的知识体系框架，是目前国际工程项目管理界以构建工程项目管理学科体系框架为直接驱动目标的较为系统完整的工程项目管理知识体系。

第二，中国的工程项目管理知识体系采用“模块化结构”，从而便于知识的按需组合和更新，同时这种结构形式也为多线索组织工程项目管理知识体系框架提供了可能性。

第三，中国的工程项目管理知识体系拓展了工程项目管理的外延。随着商业环境的变化和工程项目管理行业的发展，工程项目管理已越来越多地为诸如企业等长期性组织中各种各样的管理任务所采用，项目化管理的外延不断扩大，从面向一次性任务的管理演变为一种面向对象的变化管理方法论。

第四，项目化管理作为变化环境中长期性组织的一种有效管理方式，已得到人们的普遍认同。中国工程项目管理知识体系从管理方法论的高度，提出了工程项目化管理的体系框架与主要内容。

第五，工程项目的生命周期反映了工程项目自始至终逐步实现工程项目目标的过程，以工程项目生命周期为主线组织项目管理的相关知识有利于指导工程项目管理实践活动。中国的工程项目管理知识体系正是以工程项目生命周期为主线的项目管理知识模块体系，充分体现了工程项目管理作为实际应用性学科的特点。

第六，编写中国的工程项目管理知识体系的主要目的是形成中国工程项目管理学科的基础性文件，并在构建工程项目管理学科体系框架的同时，兼顾国际项目管理协会国际项目管理资质认证知识考核的依据和标准需要。因此，中国的工程项目管理知识体系强化了项目概念阶段的内容，适应了管理重心前移的发展要求。更重要的是，以此为基础，工程项目管理结合工程项目的管理需求，按照工程项目建设程序的四个阶段，将工程管理引入进来，构建了具有工程特色的工程项目管理知识体系。这一体系又包括工程项目的范围管理、组织管理、计划管理、质量管理、进度管理、费用管理、安全管理、风险管理、资源管理、信息管理、招投标管理、合同管理和综合管理等 13 个模块，成为目前世界上体系最完整、内容最全面的工程项目管理知识体系，并被世界上众多国家和地区所采用或借鉴。

## 1.5 工程项目的阶段划分

从工程项目的建设程序及工程项目的管理内容可知，不论哪类工程项目，在其建设过程中都需要管理众多的对象和内容。因此，在工程项目的实际管理过程中，就要从管理的角度出发，结合工程项目的建设流程，将工程项目划分为四个阶段，即决策阶段、准备阶段、施工阶段和竣工阶段，并将所有工程管理内容归置到项目的不同阶段之中，以便采用不同方法进行有效的管理与控制。

**（1）决策阶段**

决策阶段又称为工程项目的前期策划阶段。这个阶段一般从项目构思开始，到项目被批准立项结束。该阶段的主要工作是通过投资机会的选择和项目的可行性研究，对拟建工程投资的必要性、价值性等进行科学论证，为拟建工程的投资立项提供科学可靠的依据。

**（2）准备阶段**

准备阶段标志着工程项目已进入实质性的工作阶段。这一阶段主要为工程项目的实施做前期各项准备工作，包括项目组织机构的建立、工程项目的设计、方案的编制、招标与投标、与各承包单位签订合同、项目资金的预先拨付及工程建设相关手续的办理等，因此，这一阶段也称为项目的设计和计划阶段。

**（3）施工阶段**

施工阶段是工程项目管理中最主要的阶段。该阶段的主要任务是在项目组织的领导下，利用项目各种资源，完成项目所制订的计划，实现项目的预定目标。该阶段是工程项目整个实施过程中工作量最大，投入的人力、物力和财力最多的阶段。

**（4）竣工阶段**

在完成工程项目的所有建设任务之后，还需要对工程项目进行组织验收和试运行，进行移交和工程费用结算。这些任务都将在工程项目的竣工阶段来完成，因此，有些管理者将该阶段称为结束阶段。

在其他一些相关专业书籍中，上述工程项目的四个阶段也被称为工程项目的生命周期。但从严格意义上来讲，工程项目的竣工仅仅是其生命的诞生，完整的生命周期还应包括工程项目的后期使用，直至该工程报废。但在工程项目管理中，若将工程项目的后期使用直至该工程报废过程中的所有工作都囊括进来，就会与工程建设的原本含义出现很大偏差，且这种长期负重也不是任何一家单位所能承受的。因此，工程项目的生命周期一般仅指工程项目的决策阶段、准备阶段、施工阶段和竣工阶段这四个阶段。

## 1.6 工程项目管理的特点

如前所述，工程项目管理是一项为实现工程项目预定目标而开展的有计划、有组织的系列管理活动。在此管理活动过程中，它将运用各种相关知识、技能、方法、工具和手段等资源，对工程项目中的各个管理对象实施必要的监管和控制，并对工程建设过程中可能出现的各种问题进行相应的分析和处理，以确保工程项目的顺利实施，完成预期的任务，达到预期的目的。从其建设流程和管理的目的可以看出，工程项目具有以下显著特点。

**（1）目标的明确性**

任何工程项目都具有明确的目标，这一目标通过工程项目的最终成果来体现，并通过对工程项目中的质量、进度、费用、安全等多个管理对象的具体要求来明确。工程项目的参与各方都必须在满足这些要求的前提下开展各项工作，并通过各个管理对象各自目标的实现来最终实现项目的总体目标。

**（2）项目的计划性**

在工程项目实施前，为了确保工程项目的顺利实施，应在明确工程建设目标之后，结合工程项目的管理需求和实际情况编制相应的实施计划。在工程项目实施过程中，这些计划有可能随着项目的变化而相应进行调整。

**（3）建设的程序性**

工程项目的实施都要经过从抽象到具体、从计划到实施、从投入到产出等的整个过程，并且在此过程中必须严格遵守相关规定和遵循客观规律。

**（4）实施的组织性**

在对工程项目进行管理前，需要建立一个特定的管理组织或管理机构。这个组织或机构内的各个部门都要有明确的分工和职责，各部门之间要相互配合、相互信任、相互协调，为实现项目目标而共同努力。

**（5）责任的具体性**

在工程项目的实施过程中，项目参与各方都有自己具体的任务和职责，这些职责和任务一般通过项目合同来确定，通过相应的规定来约束。为了确保参与各方完成各自的任务，项目管理机构要制定相应的制度和规定，赋予完成各任务的人员相应的职权，以使工程项目的各项工作及其责任落实到位。

**（6）工作的相关性**

在工程项目的建设过程中，对工程项目的管理是一个全过程的系统性管理，包括项目的前期策划、工程立项、工程设计、项目实施、资源供应、质量检测、进度控制、费用计算、冲突处理、安全监管、风险预测等各个方面。工程管理的内容多种多样，且各项内容之间紧密相关，前一个阶段的工作是后一个阶段工作的基础，后一个阶段的工作又是前一个阶段工作的延续。如果在工作的相关环节中出现问题，那就有可能给与之相关的其他工程任务造成不同程度的影响，致使工程项目实施中出现冲突、矛盾等各种问题。如果出现的问题得不到及时的解决和处理，就会给工程质量、进度、费用、安全等造成不利影响，甚至还有可能导致工程项目不能顺利实施。因此，工程项目的各项工作之间具有显著的相关性。

**（7）管理的动态性**

在工程项目的管理过程中，鉴于环境、气候、政策、资源、地理、地质等条件的变化，可能出现与原定计划不符的情况和问题。为了对工程项目进行有效的管理，达到预定的目标，就需要经常了解和掌握工程项目的实际状态，并将其与原定计划相比较，及时进行相应的调整和纠偏、控制和指导，从而对项目资源实施协调与优化，使工程项目按照预定的方向发展和前进。

**（8）内外的干扰性**

工程项目在建设过程中，有可能受到来自项目内外各种因素的随机性影响，这就要求工程项目管理者和决策者采取有效的管理方法和监控手段来消除这些干扰，确保工程项目的顺利实施，并实现预定目标。

**（9）实施的风险性**

在工程项目的实施过程中，存在来自系统内外多种因素的干扰和影响，这些干扰和影响可能会造成工程项目不能按照预定的计划组织和实施，从而与预期计划和预定目标出现不同程度的偏差。如果这些偏差不能及时消除，那就有可能给工程项目带来不利影响或不良后果。因此，任何建设工程项目存在不同程度的风险。

**（10）资源的有限性**

工程项目的实施需要使用一定的资源，如人力、信息，以及设备设施、水电等能源，这些资源的使用需要相应的成本。为了确保工程项目在预定的费用内完成，项目管理者会对工程项目中所要使用到的诸多资源进行严格的限定。

（11）**方法的针对性**

为了完成工程项目预定的任务，项目管理者必须预先考虑到工程项目实施过程中可能出现的各种问题，预测可能出现的风险，从而提前编制相应的计划，制定相应的对策，做出相应的安排。如果在项目实施中出现的问题与预想的计划、对策和措施存在很大偏差，就必须结合当时的实际情况，通过深入的分析和研究，提出具有针对性的方法和措施，及时有效地处理有关问题，以确保工程项目保质保量地按时完成预定任务。

（12）**工作的系统性**

工程项目管理是一项系统性的行为过程，在其全过程中都贯穿着系统工程的思想，并依据系统论的思想和原理，将整个工程项目的管理系统分解为多个责任单元，由各相关责任者分别按预定的工作要求完成预定的目标，然后汇总和综合成最终的成果，以实现最终的目标。可见，工程项目中的各项工作具有显著的系统性特征。

（13）**过程的综合性**

工程项目的实施过程是一个多种管理对象和管理方法的综合实施过程。其综合性不仅体现在项目的各项内容都具有一定的相互关系，而且体现在需要考虑对方给自己带来的约束和自己给对方带来的影响等方面。例如，工程设计时不仅要满足投资者的要求，而且要考虑到项目实施的便利性；项目的实施不仅要考虑到进度要求，而且要确保施工中的安全需求；项目资源不仅要按时供应到位，而且要保质保量；等等。可见，工程项目的管理过程是一个综合性的系统管理过程。

（14）**项目的一次性**

每一个工程项目都具有特定的任务和目标，且这一项目是在特定的时间、地点和环境等条件约束下完成的。一旦完成工程项目的所有任务，实现其预期目标，工程项目也就结束了。即使是同样类型的工程，也会因时间、地点、环境等条件的不同而不同。因此，工程项目具有显著的一次性。

**（15）组织的临时性**

工程项目的一次性，使得为工程项目而专门设立的管理组织也存在临时性的特点。一旦工程项目结束，其组织的使命也就完成了。当然，这个临时性也使项目组织具有了灵活性，即可以根据工程项目的管理需求建立相应的管理组织，而不必墨守成规。管理组织可根据实际管理需求选择最佳的资源和人员以及机构组合等，为项目的高效完成提供有效的组织保障。

## 1.7 工程项目管理的发展历史

工程项目管理的理念始于项目管理。20 世纪四五十年代，美国启动了研制原子弹的曼哈顿计划。为了实现这一计划，其采用了基于系统工程的管理方法。在曼哈顿计划成功实施之后，这一方法在美国的国防和航天等少数领域继续应用，并取得了明显的成效。基于这些管理成果，一些学者提出了项目管理这一科学管理理念与基本方法。但从初始的应用情况来看，此时的项目管理主要致力于项目的预算、规划和为达到项目目标而借助一般管理技术对项目进行的管理。当时的项目经理也仅仅被看作一个项目的具体执行者，他们只是被动地接受一项给定的任务或工作，并根据指令去完成自己负责的项目。因此，初始的项目管理所包含的内容、技术与方法还远达不到现代工程项目管理所涉及的深度。

后来，在项目管理理念的引导下，为了对项目进行更加有效的管理，美国军界和各大企业的管理人员纷纷为管理各类项目寻求更加有效的项目计划管控技术。在众多的技术中，最为重要的就是工作分解结构（work breakdown structure，WBS）技术。该技术始创于 1956 年，曾在杜邦公司的一个大型化工工程项目管理中发挥了极大的作用，节约了10%左右的投资，取得了显著的经济效益，并使工程项目管理者顺利解决了项目研发中的组织管理和协调问题，极大地缩短了工程建设周期。因此，工程项目管理这一理念便更加引起了相关管理者的高度重视。

在此期间，对工程项目管理的发展做出贡献的另一项突出成果就是网络计划技术，它是由美国海军在研究和开发北极星号潜水舰艇所用导弹项目中提出来的。在该项目的管理中采用网络计划技术后，不仅克服了传统甘特图的若干缺陷，有效反映了项目进展中各项工作之间的逻辑关系，而且能够有效描述出项目中所含各子项目的接口界面和主次关系，研制时间比预估的缩短了两年，缩短工期近25%，因而给管理人员对工程项目实行有效的管理带来了极大的方便，也极大地推进了工程项目管理水平的提高。因此，美国海军和航空航天局在各自的管辖范围内全面推广了这一技术。此后，美国国防部发文规定，凡承包有关工程的单位都必须采用这种方法来安排项目计划。1959年，该技术由凯利和沃克两位技术专家公之于世后，得到了极大的推广和应用，甚至在一些大型工程项目中，美国政府也明确规定承包商若要赢得政府的工程项目，就必须提交一份详尽的网络计划，以保证工程项目的进度和质量。这一技术很快就在世界范围内引起了重视，其不仅被推广和应用到建筑工程领域，而且成为工程项目管理中的一种先进管理手段。

自20世纪60年代起，国际上很多学者也对工程项目管理产生了浓厚的兴趣，随后建立了两大国际性的项目管理协会，即以欧洲国家为主IPMA和以美洲国家为主的PMI，其为推动工程项目管理的发展发挥了积极的作用，做出了卓越的贡献。在这一阶段，发达国家的国防部门对工程项目管理技术的研究占据了主导地位，其创造的许多项目管理技术与方法一直沿用至今，如计划评审技术（program evaluation and review technique，PERT）、成本/进度控制系统准则（cost / schedule control systems criteria，C/SCSC）等。

进入20世纪80年代后，工程项目管理进入了现代化的项目管理阶段。随着科学技术的不断发展与进步，工程项目管理的范围日益扩大，建设规模和复杂程度也更为明显。与此同时，随着全球性竞争的日趋激烈，项目相关利益者之间的冲突也不断增多，对降低工程项目成本、提高工程效益的要求也不断提高。为此，工程项目的建设者和管理者必须投入大量的人力、物力及财力去研究和探索工程项目管理的基本原理，开发和创建能够满足工程项目管理需求的具体方法与实用技术。因此可以说，工程项目管理的理论是在管理项目的工作实践基础上发展而来的。特别是进入90年代以后，系统工程、信息工程、网络工程、软件工程及若干高新技术的出现给传统的工程项目管理注入了新的活力，使工程项目管理在这一时期获得了快速的发展和长足的进步。工程项目管理技术凭借其自身的优势，不仅在建筑、航天、国防等传统领域得到进一步的发展，而且在电子通信、石油化工、机械制造、电力能源、软件开发、科研教育、社会活动等领域也得到极大的推广和应用，并形成了具有工程特色的工程项目管理学科。

# 2

# 工程项目管理的对象

**在工程项目的不同阶段，工程项目的管理者需要管理不同的实施对象。显然，若要实现对不同阶段、不同管理对象的有效监管，就需要了解和掌握这些管理对象的内涵、特点、方法、模式等有关情况。从工程项目管理所涉及的内容可知，尽管工程项目中有众多的管理对象，但其中主要的管理对象，是包括工程项目的计划管理、组织管理、质量管理、进度管理、费用管理、安全管理、资源管理、信息管理、合同管理和其他管理等在内的十大管理模块。**

## 2.1 工程项目的计划管理

工程项目有多种多样的计划，按照不同的类别对其进行划分将产生不同的结果。例如，按时间划分，工程项目可包括前期计划、中期计划和长远计划；按工程项目的阶段划分，则有项目决策阶段的前期策划、准备阶段的建设计划、施工阶段的实施计划和竣工阶段的收尾工作计划。当然，对于工程项目管理而言，一般主要是从工程项目管理需求的角度来划分的，即为了实现对工程项目的有效管理与控制，针对工程项目中的主要管理对象及管理需求而预先编制的计划，这些计划主要有工程项目前期工作计划、工程项目融资计划、工程项目投资计划、工程项目建设大纲、工程项目施工计划、工程项目质量计划、工程项目进度计划、工程项目费用计划和工程项目物资供应计划等。

### （1）工程项目前期工作计划

工程项目前期工作计划是工程项目建设单位在工程项目决策阶段，为了实现长远发展的战略目标，结合市场或企业发展需求而编写的工作计划。这一计划的内容主要包括工作名称、工作目的、工作完成时间、工作流程、工程成果形式及工作负责部门和负责人等。该计划中的主要工作包括编写项目建议书、开展工程项目可行性研究并编写可行性研究报告、开展工程初步设计、项目报审等。

（2）工程项目融资计划

工程项目融资计划是横跨工程项目多个阶段的工作计划，编写该计划的目的是提出具体可行的工程费用获取渠道并最终获得工程建设所需资金。该计划的内容包括工程项目简介、工程建设单位简介、工程建设单位信誉与资质介绍、工程项目建设产品的后期效益、项目所需资金及到位时间、资金融资方法与途径、具体的实施步骤、融资风险分析等。

（3）工程项目投资计划

工程项目投资计划是根据工程项目建设年度费用需求而编制的工程费用投放计划，其主要内容包括工程建设年度进度安排、工程建设总投资额、年度投资额、投入费用的用途及其相应额度、流动资金量、贷款利息等。在编制工程项目投资计划前，要明确说明编制该计划的依据，然后根据工程建设计划确定的工程建设总工期和相应的建设内容，确定年度资金的投入计划额度以及资金的分配方式。在编制其中的年度资金投入计划时，可以采用已有的固定格式的表格，也可以根据工程管理需求编制新的表格，此外对表格中的有关内容应附以必要的解释和说明。

（4）工程项目建设大纲

工程项目建设大纲是以国家相关法律法规、行业标准和有关规程以及工程建设单位有关管理制度为依据，借鉴同类工程的成功经验和管理模式，结合自身工程实际情况而制定的工程项目指导性文件。它的内容主要包括工程项目概况、工程项目的建设目标、工程项目的总体管理原则、工程项目的管理体制和运行机制，以及对工程项目各个管理对象的具体建设要求等。此外，为了争取获评优质工程、品牌工程、标杆工程等，工程建设单位除在工程项目建设大纲中明确上述工作内容和要求外，还要编写工程项目创优管理办法、品牌工程创建计划等内容，从而为工程项目各参建单位编写更详细的实施计划提供指导。

**（5）工程项目施工计划**

工程项目施工计划有时也称为工程项目施工方案，是用来指导工程项目施工的技术、经济和管理的文件，其主要内容包括编制说明、编制依据、工程概况、施工准备、施工方法、施工程序、施工工艺、施工进度、施工质量、施工安全、施工环境、冬雨期产品防护的技术措施和技术要求，以及工程用料、施工机具、计量器具和劳动力需用量计划及有关管理规定，等等。在编写该计划的编制说明时，要写明工程项目施工计划的编制目的、编制方法、考虑的因素等内容。编制说明应简明扼要、阐述清晰，其中的编制依据主要包括工程设计施工图、所采用的规程规范及标准、国家和行业有关规定，以及工程合同和上级主管部门对工程的特殊要求等内容。

**（6）工程项目质量计划**

工程项目质量计划是用于指导工程项目管理者开展工程质量管理实践活动的指导性文件，其内容主要包括工程质量管理目标、管理内容、管理方法、管理程序、质量标准与检测方法、检测仪器和设备、对工程质量的特殊要求以及对其他相关资源的要求等。

**（7）工程项目进度计划**

工程项目进度计划是用于指导工程项目管理者开展工程进度管理和控制活动的指导性文件。在工程项目进度计划的编制中，为了满足不同层级的进度管理需求，通常将进度计划分为工程项目总进度计划、单位工程年度进度计划、分部工程进度计划和分项工程进度计划等。其中，工程项目总进度计划是统一部署于从开始设计到竣工投产的全过程的，其主要目的是明确各个时段必须完成的工程项目任务，确保工程项目能够按照预定的时间实现预定目标；单位工程年度进度计划是依据工程项目总进度计划而编制的工程项目在某年的进度计划；分部工程进度计划和分项工程进度计划是比年度计划更为详细的计划，其具体内容必须详细准确，以确保所需项目资源准确到位并具有可执行性。

**（8）工程项目费用计划**

工程项目费用计划是用于指导工程项目管理者开展工程费用管理和控制活动的指导性文件。根据项目资金供应计划，工程项目费用计划可分为年度费用计划、季度费用计划和月度费用计划。年度费用计划主要用于工程建设单位对工程项目费用的宏观管控，季度费用计划主要用于工程建设单位对工程项目费用的中观管控，月度费用计划主要用于工程建设单位对工程项目费用的微观管控和支付管控。

**（9）工程项目物资供应计划**

工程项目物资供应计划是用于指导工程项目管理者开展工程资源管理和保障工作的指导性文件，其编制对象主要是工程项目施工所需的建筑材料、机械设备等实体物资。在编制工程项目物资供应计划时，工程项目管理者要以工程项目建设大纲、工程项目施工方案、工程项目进度计划等为主要依据，根据工程项目的建设需求，就工程项目在不同施工时间所需的建筑材料和机械设备品种、数量、规格、供应时间和地点等做出详细的计划和安排。

## 2.2 工程项目的组织管理

任何工程项目都需要一个有效的组织来实施，这个组织以实现工程项目目标为前提，通过构建与之相匹配的管理体制和运行机制，来实现对工程项目的有效管理与控制。因此，在工程项目管理中，组织管理的工作内容包括项目组织形式的选取、项目组织的设计与构建和项目组织管理模式的确定等。

**（1）项目组织形式的选取**

在工程项目中，项目组织是为了完成某项特定的工程任务而由不同部门、不同专业的人员组成的临时性工作机构，它通过计划、组织、指导、控制等过程，对工程项目进行管理。目前，最为典型的项目组织形式有三种，即职能型、项目型和矩阵型。

职能型项目组织是按照职能原则建立的项目管理组织，也是一种集权式的组织管理结构形式。其特点是当组织中的各种部门得到设置之后，将各部门成员和领导职务按职能系统排列，每个部门中的每位工作人员都有对应的上级，各级领导只对其所属下级拥有直接管理权和指挥权，各部门成员也只对自己的所属上级负责并向其汇报工作。

项目型项目组织是指将工程项目的组织形式独立于建设单位或施工单位的职能部门之外，根据工程需求承担工程项目工作的一种组织管理形式。该组织形式结合工程项目的特点，专门组建工程管理所需的各个部门，抽调专人来负责工程项目的具体工作，其中项目的行政、财务、人事等各类事务性工作人员在单位规定的权限范围内开展工作。该组织在工程项目的管理中具有相对独立的自主权，工程项目的具体工作由项目经理负责。

矩阵型项目组织由纵横两套管理系统组成，一套是纵向的职能系统，另一套是横向的工程项目管理系统。该组织在纵向职能管理的基础上，强调项目导向的横向协调作用，从而吸收了职能型和项目型的优点，发挥了职能部门的纵向优势和项目组织的横向优势，把职能原则和对象原则结合起来，形成了新的组织形式。采用这种组织形式可将项目分成多个体系，这些体系既可以自行运作，又具有横向联系。但这种组织形式在两个系统的集合处存在界面，因而需要具体划分双方的责任和任务，处理好二者之间的关系。

上述三种项目组织形式的优缺点如表 2.1 所示，在实际工作中，可结合工程项目管理需求选取合适的组织形式。

**表 2.1　项目组织形式的特点及其适用范围**

| 组织形式 | 优　点 | 缺　点 | 适用范围 |
| --- | --- | --- | --- |
| 职能型 | · 项目成员具有较强的专业技能<br>· 项目结束后不存在项目成员的去留问题 | · 各部门之间相互配合较差，决策速度慢<br>· 对工程中出现的问题反应迟缓，不能以项目为中心，多考虑部门自身利益 | 规模较小、时间较短、技术性较强的工程 |

续表

| 组织形式 | 优　点 | 缺　点 | 适用范围 |
| --- | --- | --- | --- |
| 项目型 | ·组织结构稳定，职能部门大而全<br>·一切工作以项目为中心 | ·部门职责存在交叉，界限不清<br>·项目机构固定，缺乏灵活性，不易沟通<br>·资源浪费 | 复杂的、工期较长的、大型或特大型的项目 |
| 矩阵型 | ·项目成员的目标单一、明确<br>·避免资源重置<br>·项目成员无后顾之忧 | ·项目成员受双重领导，不易协调<br>·职能部门领导与项目经理易发生协作不利等问题<br>·相互之间交流少、协调性差 | 规模适中、技术相对复杂的大中型项目 |

（2）项目组织的设计与构建

工程项目组织是为完成工程项目的各项工作和实现工程项目目标而设立的管理机构，因此，设计和构建科学合理的项目组织结构形式是进行项目全员控制、实行目标管理、正确处理责权利等各项原则问题的核心所在。但是，由于工程项目的组织结构会因项目的不同而有所差异，因而工程项目组织就具有了多种形式。然而，不论采用哪种组织结构，都必须做好这样两方面的工作：一是要在明确项目总体目标的前提下，将项目目标逐层分解，明确组织中各部门的职责和分工以及各工作岗位的具体任务，使之各司其职、各负其责，且有章可循、有规可依。二是要明确组织中各部门间的层级和相互关系，以及各工作部门之间和部门内部的指令关系。该指令关系不仅包括上级工作部门或上级管理人员对下级工作部门或下级工作人员的工作管理关系，而且包括各个平级部门和单位之间以及部门或单位内部平级人员之间的工作流程关系。只有明确这种关系，才能使工程项目的各项工作顺畅实施，才能使项目参与各方之间的相关工作相互衔接、紧密配合，从而顺利完成工程项目的各项工作，实现工程项目的预定目标。

### （3）项目组织管理模式的确定

为满足不同工程项目的管理需求，经过多年的工程实践与发展，工程项目管理界已逐步产生了设计—招标—建造（design-bid-build，DBB）、施工管理承包（construction management，CM）、建造—运营—移交（build-operate-transfer，BOT）、工程总承包（engineering-procurement- construction，EPC）、合伙（Partnering）、项目管理（project management，PM）等多种不同类型的工程项目管理模式。其中，应用最多的主要是 BOT、EPC 和 Partnering 三种模式。

BOT 模式是在国际工程承包市场上出现的一种带资承包方式，主要指政府通过特许协议，将本应由政府出资营建管理的公共基础设施交给私营企业融资、建设、经营、维护，直至特许期结束，然后私营企业再将该设施完整无偿地移交给政府的一种模式。

EPC 模式是在项目决策阶段以后，从设计阶段开始，通过招标来委托一家工程公司对“设计—采购—建造”的整个过程进行总承包的一体化模式。因此，EPC 模式不仅包括具体的设计工作，而且可能包括整个建设工程内容的总体策划以及对整个建设工程实施组织管理时的策划和具体工作。业主只要大致说明一下投资意图和要求即可，其余的工作均由 EPC 承包单位来完成。因此，采用这种模式时，总承包商与业主的关系简单，组织协调工作量小。其中，在监理工程师主要与项目总承包单位进行协调。许多协调工作转移到项目总承包单位内部及其分包单位之间，从而使监理工程师的协调量大为减少。因此，该模式对进度目标控制有利，可以提高项目的经济性，有利于控制工程投资。

Partnering 模式是工程参与各方在相互信任、资源共享以及充分考虑建设各方利益的基础上共同实现工程项目目标、共同分担工程风险的一种管理模式。在使用这种模式和达成相关协议之前，需要在组织内部进行组合，建立一种统一的思想，以达到与其他企业进行密切合作的目的。一般而言，Partnering 过程分为三个阶段，即项目前期阶段、执行阶段、完成和回馈阶段。其中，在前期阶段，要建立工作组并负责日常工作。这个工作组通常由业主、设计师、承包商等干系人组成，有时也包括法律及金融顾问、政府部门的代表等。在项目的执行阶段，最重要的是 Partnering 的参与方要就该项目业绩表现的评判标准达成一致，并在此基础上实施项目。在项目的完成和回馈阶段，可以利用项目执行阶段的一系列正式评估报告对项目成果和 Partnering 过程进行有目的的分析，从中发现成功之处和不足之处，总结经验教训，从而为进行下一个项目 Partnering 或发展成为战略 Partnering 做准备。

从实现应用的角度来看，上述每种模式都有其自身的特点，也有其各自的应用范围，并且这些模式在现有基础上还在不断地完善和改进之中。因此，就工程项目管理运行模式而言，很难说哪种模式可以完全满足工程项目管理的所有需求。可见，在选择工程项目组织管理模式时，需要基于项目组织的原则，根据工程项目的具体特点、建设环境、风险状况及业主需求等因素来综合考虑后确定。

## 2.3 工程项目的质量管理

工程项目的质量管理是工程项目管理中的核心和重点。从工程项目立项起，其预定的目标中就对工程质量做出了明确的定义和要求。但由于在实现工程质量目标的过程中存在较多的不确定因素，工程质量可能存在偏离预定目标的情况。因此，预先构建工程质量保障体系、编制科学的工程质量管理计划、及时有效地开展工程质量分析与控制等就成为工程项目质量管理中的主要内容。

### （1）构建工程质量保障体系

工程质量保障体系是为实现对工程质量的有效管理而建立的管理系统，这个系统不仅包括满足工程质量管理需求的管理体制，而且包括确保工程质量管理技术、方法和各种资源落实到位的运行机制。因此，在建立工程质量保障体系时，就需要先建立工程质量管理机构或部门，并制定相应的质量管理岗位职能与职责，明确各部门的质量管理范围与内容。在此基础上，应制定工程质量管理目标和标准，编制工程质量管理计划和实施方案，把各项工作落实到位。同时，为了确保各项工作之间的相互衔接，还必须制定相应的质量管理运行程序，以使整个质量保障体系能够协调稳定地运行。在构建工程质量保障体系时，管理者尤其需要注意的是，由于工程质量影响因素涉及工程项目的各个方面，且分布在项目的各个阶段，并贯穿工程项目的整个生命周期，因此，对工程质量的管理就要从各个阶段的各个管理要素出发，对所涉及的人、机、物、法、环等所有因素进行全方位、全过程、全系统的管理与控制，即对工程质量开展全面质量管理。

**（2）编制工程质量管理计划**

工程质量管理计划是用于指导工程项目管理者开展工程质量管理实践活动的指导性文件。若要使编写的工程质量管理计划科学、实用和有效，不仅需要全面深入了解工程建设的内容与目标，准确了解和掌握拟建工程的质量标准，收集质量管理的有关文件，而且需要在完成这些工作的基础上，将所有的工程管理对象进行系统性分解，明确各阶段、各层级的质量管理对象与质量管理标准，并将标准具体化和数量化，以便后期进行工程质量的检测或验证。在形成系统性的工程质量管理计划文件后，还应组织有关各方审阅、修改和完善工程质量管理计划，请有关各方提出不足之处和修改建议，直到满足工程质量管理的要求为止。

**（3）开展工程质量分析与控制**

在工程项目质量管理中，为了实现对工程质量的有效监管与控制，需要及时了解、分析和掌握工程质量的实施状况。目前，对工程质量状况进行分析的常用方法有调查分析法、核对表法、控制图法、因果图法、散布图法、直方图法、分层法和排列图法等。这些方法都是工程项目管理中十分常用的方法，在此不再赘述。

与工程项目的质量分析相比，工程质量的控制往往更为重要。这主要是因为，工程质量管理的要求不仅包括对工程实体产品的硬要求和对工程项目参与各方相互间协调与配合的软要求，而且涉及工程项目各个阶段的各个方面，因此，工程质量控制贯穿工程项目的全过程，需要从工程项目的各个方面、各个层次和各个阶段对工程项目的质量实施管理，为工程质量目标的实现提供持续性的技术保障。可见，对工程质量的控制就是一项典型的全面质量管控过程，这个过程不仅包括对影响工程质量的人、机、物、法、环等五大因素的管控，而且包括对质量的事前控制、事中控制和事后控制等三个方面。工程质量控制的目的，是通过对工程建设实施过程及其所有环节的监督，及时发现工程建设过程中有关活动偏离质量要求的现象和问题，并通过有针对性的分析与处理，使其恢复和回归到正常状态，从而使工程项目能够按照计划开展和实施，并最终实现工程项目的质量目标。

## 2.4 工程项目的进度管理

工程项目进度是对工程项目实施进展状况的描述。通过工程项目进度，工程项目管理者不仅可以及时了解和掌握工程项目的实施状态及其与计划的偏差程度，而且可以根据项目管理的实际需求，对工程项目资源进行科学调配，以确保工程项目能够保质保量地实现预期目标。因此，为了实现对工程项目进度的有效管理，工程项目管理者就需要预先编制工程项目进度计划，并在计划实施过程中进行必要的管理和控制，而这也就成为工程项目进度管理工作的主要内容。

（1）工程项目进度计划的种类

在工程项目管理中，工程项目在不同阶段有着不同主次的管理对象，不同的项目管理者也有着不同的管理内容。针对这些管理对象或管理内容，为了实现对工程项目的有效管理，项目管理者就要在工程项目的不同阶段针对不同的管理对象制订不同类型的进度计划。例如，按计划的表现形式来划分，进度计划可分为文字说明计划和图表形式计划，图表形式计划又可分为横道图、网络图和节点图；按管理单位来划分，可分为建设单位的工程进度计划、监理单位的工程进度计划、设计单位的工程进度计划、材料供应单位的工程进度计划和施工单位的工程进度计划等；按计划内容来划分，可分为施工进度计划、材料供应进度计划、设备供应进度计划、构配件和半成品供应进度计划等；按时间长短来划分，可分为年度进度计划、月度进度计划、周进度计划等；按项目层级来划分，可分为工程项目总进度计划、单位工程进度计划、分部工程进度计划和分项工程进度计划等。可见，工程项目进度计划的种类是较多的。

（2）工程项目进度计划的编制

为了形象地表达工程项目的进度计划并对之实施有效的管理，根据不同类型的工程项目管理之所需，工程项目管理者提供了多种进度计划的表达方式。目前，最常采用的工程项目进度计划表达形式主要有横道图、网络图和节点图等三种。

横道图又可称为甘特图，是由美国学者甘特于 1917 年发明的一种使用条形图编制工程项目进度计划的方法。采用该方法时，只要明确工程项目的主要工作内容及其所需时间和开始时间，就可绘制出工程项目的施工进度计划。横道图用横坐标表示工程项目各项工作的时间，工作内容在图的左侧纵向排列，工作所对应的横道起始位置表示工作的起始时间，横道的长短表示工作持续时间的长短，其基本形式如图 2.1 所示。

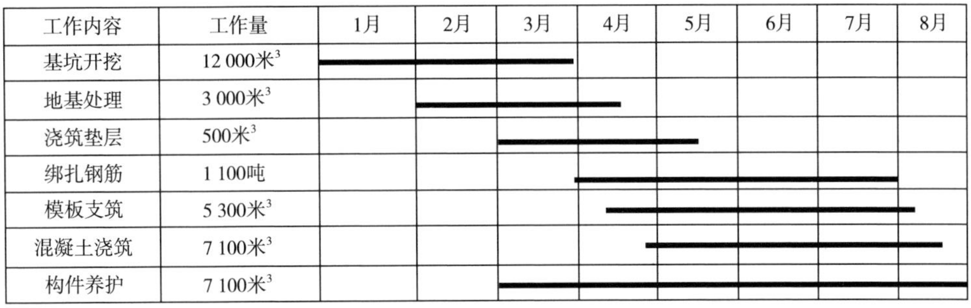


**图 2.1　横道图**

从图 2.1 中可以看出，横道图能够直观清晰地描述出工程项目的工作内容与工作时间，该进度计划图简单、清晰、明了且易于理解和编制，因此得到了普遍的使用。但这种方法并不能详细描述工程项目中各项工作之间的主次关系及其相互之间的约束关系，也不能指出影响工程项目进度的主要工序和关键要素，如果一项工作提前、推迟或延长了，也很难分析出它对哪些后续工作会产生影响以及影响的程度。因此，横道图多用于中小型工程项目中。

网络图是以箭线和节点来表示各项工作及其流程的有序网状图形。按图的表达形式，网络图又可分为双代号网络图和单代号网络图。其中，双代号网络图中的工作由带有两个节点的箭线来表示，箭尾节点表示工作的开始，箭头节点表示工作的结束。图形的结构关系和流向表达了各工作之间的逻辑关系，各项工作的持续时间可与工作名称一起标注。单代号网络图中的工作用节点表示。节点编号也就是该工作的代号。工作代号和工作持续时间等都在节点中标出。图中的箭线只表示工作进行的先后顺序，即箭头节点所代表的工作要在箭尾节点所代表的工作完成之后方可进行。在网络图的这两种表示方法中，双代号网络图所表示的工作逻辑关系相对较为复杂，其工作代号需要用两个节点编码来表示，因此编制起来较为烦琐。但由于有箭线的指向，因而其也具有不易发生混乱的优点。当把网络图表示成带有时标的形式时，就变得较为直观和清晰了（见图 2.2），因此其在很多工程项目中得到了广泛的应用。

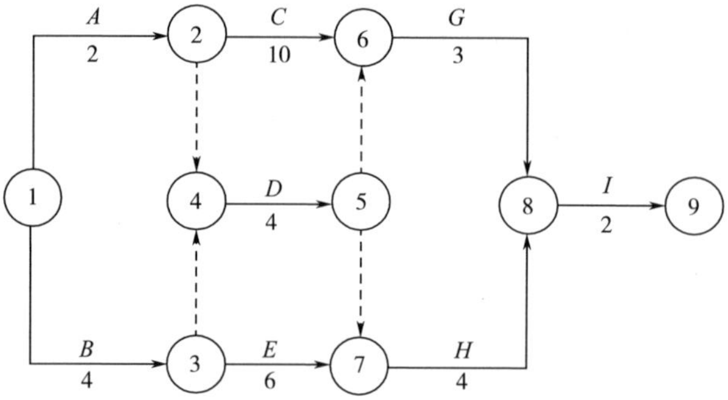


图 2.2　网络图

节点图是一种以工程项目的工作实施节点为主要控制对象的工程项目进度计划表示形式，这种图主要用于编制大型工程项目的里程碑计划，在一般中小型工程项目中较少使用。表示里程碑计划的节点图一般以点矩阵图的方式出现，只要明确了项目各阶段的里程碑工作以及这些工作的重要时间节点，即可编制里程碑计划的节点图。因此，节点图主要的优点是表示了工程项目中重要事件的开始时间或完成时间点（如图 2.3 所示），而不像横道图那样，必须给出各项重点工作的持续时间。

| | 2019年度 | | | | 2020年度 | | | | 2021年度 | |
|---|---|---|---|---|---|---|---|---|---|---|
| 里程碑节点 | 1月 | 5月 | 9月 | 12月 | 1月 | 5月 | 9月 | 12月 | 3月 | 6月 |
| 基础工程 | | ★ | | | | | | | | |
| 建筑主体 | | | | ★ | | | | | | |
| 设备安装 | | | | | | ★ | | | | |
| 管道铺设 | | | | | | ★ | | | | |
| 辅助工程 | | | | | | | | ★ | | |
| 系统运行 | | | | | | | | | ★ | |
| 工程移交 | | | | | | | | | | ★ |

图 2.3　节点图

**（3）工程项目进度的管理与控制**

在工程项目的实施过程中，常常会受到多种不确定因素的随机性影响，这些因素给工程项目进度的执行带来不同程度的阻碍和约束，从而可能使工程项目的计划进度与实际进度产生一定的差距。因此，为了确保工程项目最终能够按照原定计划完成任务，项目管理者就必须对工程进度进行监督与管理，并根据工程项目的实际情况以及后期管理需求，分析原定计划与工程实际之间存在的差异，同时采用科学的管理方法对工程进度进行适度调整，以确保工程进度管理的时效性。因此，工程项目进度的管理与控制就是在工程项目进度计划的执行过程中，对项目实施进展情况进行检查、对比、分析和调整，以确保工程项目进度计划目标实现的管理活动。

## 2.5 工程项目的费用管理

对工程项目进行费用管理的目的是确保工程项目在费用预定的前提下，在规定的时间内保质保量地完成工程项目的全部工作。在工程项目的费用管理中，主要的管理内容包括工程项目费用的计算、费用的编制和费用的控制。

**（1）费用的计算**

在工程项目的不同阶段，需要计算不同的费用。从总体上看，工程项目费用的计算可分为五大类，即工程估算、概算、预算、结算和决算。

工程估算是指在工程项目的投资决策阶段对工程项目费用的测算，是工程建设方依据现有的资料和特定的方法对建设项目的投资数额进行的预测和估计。在工程项目的决策阶段，由于工程项目建设方对工程项目的建设细节还没有进行清晰准确的定位和描述，无法将工程项目中的若干问题具体化，也很难预测工程项目实施中可能遇到的特殊问题，因而很难确定工程项目的具体费用。为了分析和确定工程项目的投资效益，并为工程项目的立项审批和立项后的项目融资提供相对科学的依据，就需要工程项目的建设方对拟建工程所需费用做出初步估计。

由于在费用估计中缺乏详细的工程设计文件，估算的依据主要是已完同类工程的费用、国家或行业发布的有关测算数据等参数。因此，估算费用的误差较大，实际工程中通常允许估算误差在 ±30% 的范围内。

在工程项目立项后，工程建设单位将进一步深化初步设计方案，并绘制工程项目建设施工图。在此期间，为了选择更好的设计方案，并为工程项目建设费用的筹措或贷款申请以及工程项目的招标提供依据，设计单位或造价咨询单位将依据初步设计文件编制工程概算。在编制工程概算时，相关人员对工程建设的规模、建设环境、建设等级等内容已有相对清晰的了解和掌握，因此，工程概算的计算精度就比工程估算高出很多，实际工程中允许的计算误差通常被限定在 5%~10%。

工程预算是根据批准的设计图纸，结合相应的预算定额及单位估价表、各种费率取费标准等计算和编制的工程项目建设费用。工程预算不仅是预先确定工程项目内含各项建设内容价格的重要依据，而且是工程建设单位今后管控工程项目费用的主要依据。

工程结算是工程项目施工方或材料供应方等承包商在完成工程项目的全部任务和工作之后，根据实际完成量和相应的定额以及各种费率取费标准等计算和编制的项目最终费用。工程结算是工程建设单位支付工程承包商费用的最终依据。

工程决算是在工程项目竣工后，工程建设单位的财务部门从固定资产的角度出发，依据国家和其自身对固定资产费用的有关规定，以工程结算为基础，向上级主管部门提供的工程资产经济文件。因此，工程决算是核算相关建设单位新增固定资产价值、分析工程投资效果、建立健全经济责任的依据，是反映建设项目实际造价和投资效果的依据。

**（2）费用的编制**

不同的费用，其编制方法有很大的差别。对工程项目进行的估算，是在工程项目很多资料和建设细节不明确的前提下进行的费用测算，因此，这时候的估算主要以政府部门发布的物价指数、已建同类工程项目的投资档案资料等为参考依据，结合拟建项目的主要内容、专业机构发布的工程造价和费用构成，采用生产规模指数估算法、分项比例估算法、资金周转率法、单位面积综合指标估算法、单元指标估算法等方法进行。

工程概算常常基于设计单位的概算定额，通过概算定额法、概算指标法和类似工程比较法等来获取概算分析结果。工程预算则与工程估算和工程概算有很大不同，由于此时已有了设计图纸和国家颁布的预算定额，因而编制的预算较为准确。目前，工程项目预算费用的编制一般有两种模式，即传统的定额计价模式和工程量清单计价模式。其中，传统的定额计价模式是采用国家、部门或地区统一规定的预算定额、单位估价表、取费标准和计价程序等进行工程造价计算的模式。工程量清单计价模式是招标人按照工程量清单计价规范中的工程量计算规则，由投标人依据其自身条件和市场价格对工程量清单进行自主报价的工程造价计算模式。在这两种模式之中，工程项目的预算费用可以采用工料单价法这和综合单价法两种计价方法来计算。

工程结算的方法和工程预算的基本方法一样，但前者在工程量的审定方面，因为关系到最终所付的费用，所以也最为严格。此外，结算费用并不完全依据设计图纸，也要依据实际完成的情况。

**（3）费用的控制**

工程项目在实施过程中，经常会受到来自项目内外多种因素的干扰，从而给工程项目的费用使用带来不同程度的影响。为了实现工程项目的费用管控目标，就需要对工程项目的费用进行必要的管理和控制。

费用管控的方法可分为三大类，即工程费用的事前控制、事中控制和事后控制。其中，事前控制是指在工程项目实施前，针对工程项目今后可能发生的问题及其对费用的影响程度进行预测，在对这些问题进行深入分析的基础上，预先采取相应的措施进行处理，使工程项目费用处于预定计划之中。事中控制是指在工程项目的实施过程中，针对工程项目发生的问题及其对费用的影响程度进行即时分析，并提出相应的处理方法，使工程费用处于可控状态。由于这种方法是应用于工程项目实施过程中的，能对工程出现的问题做出较快的反应，也能通过对项目费用若干指标的分析来发现项目费用使用中存在的问题，因此，其成为工程实践中最常采用的方法之一。事后控制是在工程若干问题发生并给工程费用带来一定程度的影响后开展的处理工作，是将这些问题对工程费用的影响降至最低程度的管理方法。实践中，事后控制可能会给工程项目的费用管控带来较大的不利影响，因此，一般仅作为总结工程费用管理经验的方法。

## 2.6　工程项目的安全管理

安全管理是工程项目管理中的重要组成部分，是在工程项目建设过程中通过计划、组织、技术等手段，依据工程项目的人员、事物、环境等因素的运动规律，对有关人员的行为、事物的状态和作业的环境等进行必要的管理和控制，以消除或减少不稳定因素，确保工程项目处于安全稳定状态而开展的管理活动。这一活动的主要内容如下。

第一，建立与完善安全生产管理制度和保证体系，使工程安全管理工作做到有章可循、有规可行、有法可依。

第二，组织安全教育，提高工程建设有关人员的安全意识与素质，督促有关人员掌握安全施工技术。

第三，开展安全影响因素分析，编制安全保障计划，制定有针对性的安全保障措施。

第四，运用现代管理和科学技术，实施安全保障计划，并对工程建设过程实施持续性的安全管理与控制。

第五，组织安全技术交底、安全检查和宣传活动，开展安全资格认证，规范安全工作行为，实行标准化施工作业程序。

第六，对安全管理中出现的问题进行及时有效的分析、处理和总结，并向有关安全管理部门汇报。

第七，及时记录安全工作的各项内容，并汇集整理有关资料。

第八，开展技术提升与改进工作，改善施工工艺，改进设备性能，提高安全保障能力。

第九，正确贯彻执行国家和地方的有关安全法律法规、技术标准和作业规范，确保工程项目有关人员及物资设备得到应有的法律保障。

在开展以上安全工作的过程中，为了实现安全管理目标、达到安全管理目的，要在工程项目建设过程中实行全员、全过程、全层次、全方位的安全管理，使安全管理的各项规章制度自始至终得到贯彻和执行。不论何时开展和从事何种工程项目的建设活动，都要牢固树立安全管理理念，并始终在安全管理工作中坚持安全生产责任制度，做到管工程的同时管安全。要正确认识和处理好安全与施工、安全与质量、安全与进度、安全与费用、安全与效益之间的对立统一关系，既不能为了安全而不顾工程质量，或长时间停工进行安全检查而耽误工期，或为了安全投入大量资金而不顾工程成本和效益，也不能仅仅为了快速完工或节约费用而不顾安全。为此，要通过安全管理工作的开展与宣传，使工程项目有关人员真正懂得抓安全就是为了促生产，只有安全得到保障，工程质量才能得到保障，工程进度才能顺利推进，工程效益才能显著提高。此外，还要积极学习和引进科学先进的新思想、新方法、新技术、新工艺和新材料，使工程安全管理能力和水平再上新台阶，为工程安全提供有力的技术保障。

## 2.7 工程项目的资源管理

资源是工程项目建设中必不可少的重要组成部分，工程项目的实施过程实际上也是资源的耗用过程，因此，工程建设所需资源能否保质保量地按时供应到位并发挥其应有的作用，与工程项目的质量、进度、费用、安全等主要管理对象有关，且事关工程项目的成败。因此，在工程项目的实施过程中，如何根据工程项目的实际需求对工程项目资源进行科学的配置与管理就成为工程项目资源管理的重点内容。

**（1）工程项目资源的种类**

资源是所有人、财、物等物质要素的总称。在经济学中，把可以投入生产过程中并创造财富的一切物质要素统称为资源。但在工程项目中，资源则具有更宽泛的内涵，它不仅包括工程项目中所需的人、财、物等有形实体，而且包括建设工程项目时必不可少的时间、空间、信息、技术等无形虚体。例如，在人员方面，它不仅包括工程施工人员、项目设计人员、工程监理人员、材料供应人员、项目管理人员和项目决策人员，而且包括与工程相关的政府主管人员、银行参与人员、保险公司人员、合同法律人员等。可见，不同工程项目的人员组成具有很大的差异。在工程材料方面，资源除了包括最常使用的钢材、木材、水泥、砖瓦砂石、玻璃等主要建筑材料外，还包括大量的非金属材料以及先进的复合材料。特别是近年来，随着科学技术的发展，复合材料在工程项目中的使用范围越来越广，并显示出很好的发展前景。

除上述资源外，在资源管理中，还需要注意的有信息资源、网络资源等新型资源和水、电、气、油、煤等能源。由于这些资源有着与其他资源不同的特性，因此在工程项目的资源管理中，应给予其以更多的重视。

（2）工程项目资源的耗用规律

工程项目的整个建设过程可以分为四个阶段，即项目决策阶段、准备阶段、施工阶段和竣工阶段。在工程项目的实施过程中，不同阶段有不同的工作内容，因此就需要不同的项目资源来满足工程项目中的不同建设需求。同时，各阶段工作内容的难易程度和工作量也存在较大的差异，因此所要投入和耗用的项目资源种类与数量也就有了很大的差异。

一般来讲，在工程项目的决策阶段，工程项目的主要工作是针对拟建项目开展前期调查与研究，编写项目建议书和可行性研究报告。因此，这一阶段需要的项目资源主要是人力资源和少量的调研经费。在工程项目的准备阶段，主要工作是建立工程项目组织机构，开展工程项目设计，编制工程施工方案和工程概预算，组织工程项目的招标与投标，选定工程设计单位、施工单位、监理单位、物资供应单位，办理工程建设相关手续等。因此，这一阶段需要的项目资源主要是人力资源、项目资金、少量的工程材料。在工程项目的施工阶段，主要任务是利用项目各种资源，将设计蓝图变成工程实体。因此，这时工程项目中所涉及的人、财、物等有形资源以及技术、信息等无形资源将全部被投入使用。在工程项目的竣工阶段，工程项目的主要工作是工程验收和试运行，并处理发现的若干问题，因此，此时所需要的主要资源是人力资源、少量的工程材料及工程试运行中所要用到的资源。

## 2.8 工程项目的信息管理

从工程项目资源属性的角度来看，信息属于工程项目资源类。由于工程信息在工程项目中具有不同于其他资源的特殊属性，并且随着工程管理科学技术的不断发展和工程项目管理知识外延的不断扩大，工程信息在工程项目中发挥着越来越重要的作用。因此，在工程项目管理中，往往将工程信息单独作为一个知识单元进行阐述，以便工程项目管理人员更好地了解和掌握这一专业知识和技术，从而为工程项目管理提供更有效的服务。

### （1）工程信息及其分类

工程信息是描述工程项目状态的有关信息。按工程信息的内容属性来划分，其可分为技术类信息、经济类信息、管理类信息和法律法规类信息。技术类信息是指在工程项目实施过程中与技术有关的信息，如设计要求、技术流程、施工工艺、操作规范等；经济类信息是指与工程造价、投资费用有关的信息，如材料价格、工程预算、现金流量等；管理类信息是指工程的组织管理方法、管理模式、岗位责任、工作流程等；法律法规类信息是指工程项目参与各方必须遵循的依据，如工程设计规范、工程施工规范、工程验收规范等。

按工程信息来源划分，工程信息可分为工程内部信息和项目外部信息。工程内部信息是指工程项目各个阶段、各个环节、各有关单位产生的信息，如设计文件、施工方案、会议制度、工程质量、项目进展、安全状况等；项目外部信息是指来自项目外部环境的信息，如市场材料和设备价格、物价指数、国家有关政策及法规等。

对于工程项目来讲，为了实现对工程信息的有效管理并能最大限度地利用信息，使之为工程管理服务，最常用的信息划分方式是从信息所属的管理对象角度来进行划分，主要包括工程概况信息、工程设计计划类信息、标准规范类信息、工程质量信息、工程进度信息、工程费用信息、工程安全信息、工程物资信息、工程合同信息和工程验收信息等。

### （2）工程项目信息管理技术

工程项目信息管理技术是关于信息的产生、发送、传播、接收、变换、识别、管理和控制等应用技术的总称，它是一种在信息科学的基本原理和方法指导下提高和扩展人类信息处理能力的技术，主要包括信息采集技术、信息处理技术、信息应用技术和信息安全技术等四个类别。

信息采集技术是指采集信息过程中所使用的技术。就目前情况来看，工程施工现场采集信息的技术主要包括传感技术和遥感技术。其中，传感技术是利用各类传感器来获取管理对象特征信息的技术，遥感技术是通过远距离感知目标反射或自身辐射的电磁波、可见光、红外线等对目标进行探测和识别的技术。

信息处理技术是信息的多技术集成，是对信息进行描述、分类、排序、转换、浓缩和扩充的技术。信息处理主要涉及三大技术，即整理加工技术、测量加工技术和统计加工技术。其中，整理加工技术是指运用科学的方法，对调研所采集的信息进行审核、检验和初步加工，使之系统化和合理化，并以集中、简明的方式反映调研对象总体情况的技术。测量加工技术是把需要研究的主题通过确定主题、定义问题、实施测量、检验结果这四个主要环节提炼成若干个可测量指标，然后对这些指标进行统计分析的技术。统计加工技术是运用统计学原理，对采集的数据资料进行综合处理，以揭示事物内在数量规律的技术。在信息加工阶段，统计技术具体表现为对已经初步整理的数据资料进行加工概括，并用统计量对这些资料进行描述，主要包括：描述绝对数量的次数或频数，描述相对数量的比值、比率和指数，描述集中趋势的众数、中位数和平均数，以及描述离散趋势的比率、极差、标准差或方差、变异系数等。

信息应用技术是针对各种应用目的（如信息管理、信息控制、信息决策等）而发展起来的实用性技术，主要包括管理领域的信息应用技术和生产领域的信息应用技术。其中，管理领域的信息应用技术主要用于管理信息系统；生产领域的信息应用技术主要用于计算机集成制造系统，即将制造类企业中的全部生产活动有机地集成起来，从而形成一个实现整体集成化和智能化的生产系统。

信息安全技术是为保证信息的完整性、可用性、机密性、系统稳定性而采取的技术措施。其中，完整性是指保证资源的准确性和完备性；可用性是指被授权的实体可根据需要随时访问与使用；机密性是指信息不被泄露给未经授权的实体、个体；系统稳定性即指抵御病毒对系统的侵害或是恶意代码的攻击，防止系统因出现故障问题而造成重要信息丢失及有害信息的恶意传播，从而确保系统安全正常地工作。目前，常用的信息安全技术主要包括防火墙技术、信息保密技术、入侵检测技术、软件防护技术、数字签名技术、密码技术、防病毒技术、可信计算技术、专用网技术、安全扫描技术等。

**（3）工程项目信息管理方法**

在工程项目管理中，对工程信息的管理主要是依托信息管理系统或信息管理平台来实现的。通过这一系统或平台，工程项目管理组织将工程项目的所有信息收集起来进行分析和处理，再把信息处理结果反馈给工程项目的有关方，这样既可以实现对工程信息的有效管理，又可以发挥信息的有效作用，同时还可以为项目各参与方实现信息交流、信息共享、共同工作提供一个有效的工具。

## 2.9 工程项目的合同管理

在工程项目的建设中，众多工程参建方不仅需要完成各自的工程建设任务，尽可能地为自身获取更大的效益，而且需要彼此之间相互协调与配合，为实现工程项目的最终目标而共同努力。为此，工程项目建设中通过具有法律效力的合同，明确规定了项目参与各方的权利和责任，规范了各方的行为，为提高工程管理效率、减少各方之间的冲突与矛盾提供了必要的保障。因此，工程合同管理就成为工程项目管理的主要内容之一。

**（1）工程合同及其形式**

工程合同是参与工程项目的平等主体（如自然人、法人和其他组织）之间就民事权利、义务关系在平等自愿基础上达成的受法律保护的协议。由于工程合同主要发生在涉及工程经济行为的活动之中，因此，从法律上讲，工程合同就成为工程建设经济交易中的基本法律形式。

对于工程项目而言，合同主体一般是企业法人，客体是工程建设项目，所签订合同的内容主要是双方在实现工程项目目标中所具有的权利和应该承担的义务。由于工程项目的标的是不动产，具有长久性、不可完全复制性、影响广泛性等特点，工程项目合同便具有了更强的法律属性。

在工程项目的合同管理中，合同的形式一般有书面形式、口头形式和其他形式，但主要以合同的书面形式来确定对方的要约，且工程合同多以承包合同、买卖合同和委托合同等三种形式出现。承包合同是承包人进行工程建设、发包人支付合同价款的合同，如工程施工合同；买卖合同是出卖人转移标的物所有权于买受人，买受人支付价款的合同，如材料设备采购合同；委托合同是由受托人处理委托人事务的合同，如工程设计或监理合同。

**（2）工程合同的主要内容**

一般来讲，工程合同主要详细阐述和说明的两个主题是权利和义务。其中，权利是指权利主体依据法律规定和约定，有权按照自己的意志做出的某种行为，同时要求义务主体做出某种行为或者不得做出某种行为，以实现其合法权益。其内容主旨有三条：一是在法律规定的范围内，权利主体有权自主决定从事或不从事某些经济活动，从而实现或放弃自己的利益和要求；二是其有权依照法律、法规或约定，要求相对义务主体履行法律义务，以实现自己的利益和要求；三是当相对义务主体不依法或不依约定履行义务而致使权利主体的权利受到侵犯时，权利主体有权请求国家机关强制其履行，以保护和实现自己的权益。

义务是国家在法律中规定的对法律主体的行为进行约束的一种手段。其内容主旨也有三条：一是义务主体必须依照法律或合同约定，做出一定行为或者不得做出一定行为，以实现权利主体的利益和要求；二是义务主体应自觉履行事先约定的义务，如果不履行或不完全履行，将受到国家法律的制裁；三是义务主体的义务仅限于当事人依法约定的范围，约定以外的不必履行。

**（3）工程合同的管理与控制**

在签订工程合同后，要顺利完成合同所确定的内容，就必须对合同进行有效的管理和控制。在合同的管理和控制方面，涉及的主要内容有合同分析、合同交底、合同跟踪、合同实施偏差分析和合同纠偏等。其中，合同分析是指通过科学的分析方法，将合同条款和约定中存在的潜在问题预先寻找出来，以便预先化解，确保合同顺利执行的行为过程。其分析的主要对象有合同书和合同执行条件等；分析的具体内容主要有当事人的责任与权力、工作范围、工期要求、质量要求、技术规范、变更规定、违规责任、补偿条件、验收方法、索赔规定、合同解除方式等。

合同交底是指合同管理人员在全面了解和掌握合同内容的基础上，组织有关人员学习合同条文，并就其中的主要条款进行解释和答疑的过程。通过合同交底，工程项目管理人员可以掌握合同的主要内容和有关规定，熟悉自身所担负的合同责任以及相应的法律后果，从而避免出现违约行为。

合同跟踪是指依据合同及相关的计划文件，对整个项目的合同执行情况进行检查的管理活动。在工程项目实施过程中，实际情况的随机性变化可能会导致合同执行效果与合同预定目标之间出现较大偏差，如果不能及时发现并消除这些偏差，就可能产生非常严重的后果。因此，为了确保工程合同的执行结果与合同要求相一致，就必须对工程合同的执行情况进行跟踪与检查，以及时了解合同的执行情况。

合同实施偏差分析是指合同管理者根据所了解和掌握的执行合同的具体实况信息（通过合同跟踪获得），分析和判断合同执行的当前效果与预期目标是否存在偏差等各类问题，并在此基础上就若干问题的产生原因展开进一步的分析，以便制定相应的对策，确保合同的执行结果与合同要求保持一致。

合同纠偏是指针对合同执行中出现的问题和造成的偏差，合同管理者及时采取有针对性的措施进行纠正的管理活动。从纠偏的具体方法来划分，可分为组织措施、技术措施和经济措施三种类别。其中，组织措施是指通过增加人员投入、调整人员安排、调整工作流程和工作计划等来解决问题的一种方式；技术措施是指通过变更技术方案、采用新技术等来解决问题的一种方式；经济措施是指通过增加资金投入、采取经济激励手段等来解决问题的一种方式。在工程合同的实际管理中，解决问题时并未要求单独使用某一种方式或手段，即可以综合应用多种方式。

## 2.10 工程项目的其他管理

工程项目建设是一个涉及众多方面的系统工程，若要实现工程项目的预定目标，不仅需要对工程项目的质量、进度、费用、安全等主要管理对象进行全面有效的管控，而且需要做好其他大量的辅助性管理工作，如工程项目建设的可行性研究，贯穿工程项目始终的技术管理，工程建设过程中的文件、资料和档案管理，工程项目的验收和完工后的工程项目后评价等。这些辅助性工作的实施效果与工程项目的成败存在不同程度的关系，因此也成为工程项目管理中较为重要的内容。

在这些管理工作中，工程项目的后评价是最为重要的管理内容。这是因为，通过工程项目的后评价，不仅可以对工程项目的建设过程进行全面的分析与总结，以客观系统地了解和掌握工程项目整个建设过程的全部状况，从中吸取经验和教训，为进一步提高工程项目管理水平提供改进和完善的依据，而且可以通过对投资活动的经济分析，检验工程投资的经济效益，从而为今后工程项目的投资决策提供科学的指导。工程项目的后评价主要包括以下六类。

**（1）工程项目前期决策效果后评价**

工程项目前期决策效果后评价主要是以工程项目前期决策目标、可行性研究结果和项目评估结果等为分析对象，以工程完工后的实际建设效果为事实依据，从工程决策的科学性、各种数据分析的有效性、可行性研究的全面性和研究结果的正确性等多个方面进行对比和分析，从而从中找出计划目标与实际执行效果之间的偏差及其原因，为今后工程项目的立项与决策提供参考依据。

**（2）工程项目建设效果后评价**

工程项目建设效果后评价是从工程项目建设的角度出发，就工程项目建设前的资金准备情况、勘察设计情况、工程招投标情况、征地拆迁情况、手续办理情况、计划落实情况、项目组织情况，以及工程质量、进度、费用、安全、风险、物资供应、合同管理、试运行结果等方面进行的全面分析。通过工程实际效果与原计划之间的对比与分析，可以发现工程项目建设管理中存在的优势与不足以及经验和教训，从而为提高工程项目管理水平提供依据。

**（3）工程项目经济效益后评价**

工程项目经济效益后评价主要包括财务后评价和国民经济后评价两个部分。其中，财务后评价是指从财务角度分析和计算工程项目的财务盈利和贷款偿还能力，并以此来判断工程项目经济效益的一项分析工作。国民经济后评价则是在财务后评价的基础上，从整个国民经济或全社会角度出发，根据工程项目的实际数据和国家颁布的影子价格及有关参数，利用社会折现率、内部收益率、经济净现值和投资净效益率等指标，分析工程项目所产生的实际成本效益与前评估经济预测的偏离程度及其原因，从而为今后提高工程项目的宏观决策水平提供依据。

**（4）工程项目环境影响后评价**

工程项目环境影响后评价是在项目建成后，从工程项目对区域环境质量的影响、自然资源的利用和保护、区域生态平衡、环境管理和工程项目污染与控制等方面产生的影响或未来可能对此产生的影响进行的分析与评价。通过这一评价，不仅可以审查工程项目管理者在工程项目建设中落实环保设施和污染治理措施等的情况，而且可以检测原定工程环保措施的科学性和有效性，从而为今后提高工程建设环保管控水平积累丰富的实践经验。

**（5）工程项目社会效益后评价**

工程项目社会效益后评价是工程项目后评价中的一个重要组成部分，其评价的内容包括社会影响评价、工程项目与所在地区的互适性分析以及社会风险分析等。其中，社会影响评价主要分析工程项目对社会发展所产生的影响，如对工程项目所在地区居民生活水平的影响，对当地居民就业的影响，以及对当地群众利益、文化教育、民族风俗、宗教习惯等方面的影响。工程项目与所在地区的互适性分析主要是从不同利益群体、当地组织机构和当地技术水平等方面对工程项目建设效果进行的分析与评价。社会风险分析则是在对影响项目的各种社会因素进行全面分析、识别和排序的基础上，就工程建设可能给社会造成的不稳定因素进行的分析和研究，从而及时避免和消除这些因素给社会带来的潜在不利影响与危害。

**（6）工程项目可持续发展后评价**

工程项目建成后，其后续的运营可能会给当地的经济社会发展带来不同程度的影响。因此，若要了解和掌握工程项目的后续发展趋势，就需要从工程项目的可持续发展角度对工程项目进行分析。其分析的内容主要包括工程项目自身的可持续性以及工程项目与所在地区经济、社会和环境之间的发展协调性等。通过这一分析，有助于找出阻碍和影响工程项目可持续性的因素，从而为优化投资决策提供科学依据。

# 3

# 工程项目管理的现状与创新途径

**随着科学技术的不断发展和社会的不断进步，人类对工程项目的管理也逐渐提出了许多新的要求。为此，近些年来，工程项目管理者从工程管理的现实需求出发，对工程项目管理进行了不断的改革与创新，使工程项目的管理水平有了显著的进步与提高，工程项目的管理方法与模式也呈现出了许多新特点，但与此同时，工程项目管理也出现了许多新问题。为了有效解决这些新问题，就需要工程项目管理者和研究者在全面了解和掌握工程项目管理现状的基础上，通过更为深入的理论研究和实践探索，来寻找和发现有效解决工程项目管理中若干问题的新思想、新方法、新技术和新途径。**

## 3.1　工程项目管理的现状

工程项目管理是为实现工程项目的预期目标，以工程项目整体为对象，应用系统、综合、科学的管理技术与方法，按照一定的科学步骤和规律，对工程项目进行的全面管理和控制。

项目管理最初仅用于国防工程、航天工程和建筑工程等少数行业；但经过几十年的发展，项目管理已迅速扩展到电子、通信、交通、软件、制药、金融、教育等各个行业和企事业单位的日常工作管理之中。特别是在工程项目建设领域，已形成具有工程建设特点的、以工程技术为核心的工程项目管理知识体系。并且，在管理模式、管理技术、管理理论和实践应用等多个方面，工程项目管理已呈现出多种多样的新状态。

## 3.2　工程项目管理的模式

在工程项目管理的模式方面，除传统的 DBB、CM、BOT、EPC、Partnering、PM 等多种不同类型的工程项目管理模式依旧在不同种类的工程项目中被广泛使用外，还出现了若干新的工程项目管理模式，如公私合营（PPP）模式、民间主动融资（PFI）模式、资产证券化（ABS）模式、动态联盟模式（AVECM）等。这些模式的出现不仅充实和完善了工程项目的管理理论，而且为实现工程项目的有效管理提供了新途径。

**（1）PPP模式**

PPP 是英文 private public partnership 的简称，其含义是在工程项目的建设中，公共部门与私人企业相互合作，共同完成工程项目的建设任务。PPP 模式主要适用于铁路、公路、通信等建设规模大、建设工期长、资金回收慢的工程项目。使用这种模式时，政府工程建设主管部门通过政府采购，与中标单位组成特殊的工程项目公司并签订特许权协议，由该项目公司负责筹资、建设与经营。政府通常与提供贷款的金融机构达成直接协议，但目的不是对项目进行担保，而是由政府向金融机构做出承诺，将按照政府与项目公司签订的合同支付有关费用。这个协议使项目公司能够比较顺利地获得金融机构的贷款，而项目的预期收益、资产以及政府的扶持力度将直接影响贷款的数量和形式。采取这种模式的实质是，政府通过给予民营企业长期的特许经营权和收益权来实现加快公共基础设施建设的目的，以便更早、更快、更好地为公众服务，同时促进国民经济的健康发展。据此可知，PPP 模式是一种公私合作并以达到合作双方双赢或共赢为合作理念的现代工程建设管理模式。特别是当政府投资项目在工程资金方面存在不足时，PPP 模式就成为工程项目主要采用的一种建设管理模式。

采用这种模式，不仅可以使政府部门避免因资金短缺而延缓基础设施建设，以更好地利用私企资金为社会和公众尽早提供服务，而且可以使政府部门和私人企业发挥各自的优势，缩短工程建设前期决策和筹资所耗时间，从而尽早实现工程项目的建设目标。此外，采用这种模式也便于公共部门和私人企业在项目前期尽早参与进来，组成战略联盟，由此降低投资风险和项目融资难度，并引入先进技术和管理经验，为达到工程项目的建设目的而创造更多的有利条件，同时还可以保证政府对工程项目的控制权。可见，PPP 模式在确保工程建设目标、协调各方利益等方面发挥了关键作用。它的缺点是组织形式比较复杂，增加了工程建设过程中参建各方之间的协调难度。同时，如何设定项目的回报率和利益分配等也是项目参与方的争论焦点，极易引起各方的冲突与矛盾，这可能会给工程项目的顺利实施和后期运营管理造成一定的困难。

**（2）PFI模式**

PFI 是英文 private finance initiative 的简称，这种工程项目管理模式是一种以私人融资为主的模式。其含义是在工程项目的建设中，政府通过一定的方式使私营部门有机会参与基础设施建设；在完成工程项目的建设后，政府购买私营部门提供的产品或服务，或以给予私营部门收费特许权作为工程建造费用的偿还方式，或政府与私营部门以合伙方式共同运营并进行利益分配。此类模式主要适用于学校、医院、交通等公共基础设施项目的建设。

采用这种模式的优点是可以吸收民间资本，缓解政府财政资金压力，同时可以提高工程项目的建设效率，降低建设成本，实现风险转移。该模式的缺点是在社会信誉管理体制不完善的情况下，政府部门不能全面准确地了解和掌握私营部门的真实情况，从而在私人合作机构的选择和确定中存在较大的难度。

**（3）ABS模式**

ABS 是英文 asset backed securitization 的简称，它是以工程项目自身资产为基础，以工程项目后期运营所产生的收益为保证，通过债券发行来募集工程资金的一种工程项目管理模式。该模式主要适用于电信、电力、供水、环保等投资规模大、建设周期长、资金回收慢的基础设施建设项目。

该模式的优点是政府无须为项目的投资做出承诺和安排，从而可有效避免市场融资中的风险，减轻融资压力，大幅降低融资成本。同时，由于因此类融资而形成的负债不反映在原始权益人自身的资产负债表上，从而避免了原始权益人受资产质量的限制，在实现资产负债表外融资的同时也改进了资产管理，提高了资本比率。该模式的缺点是由于项目的经营决策权仍归原始权益人，在融资时往往无法同步引进先进的技术和管理方法，从而不利于工程项目的建设和后期经营效率的提高。

**（4）动态联盟模式**

动态联盟模式即 AVECM（agile virtual enterprise constituting and management）模式，它是一种以信息技术为基础，由多个各有专长的工程建设企业组成临时联盟，在工程建设过程中共同承担风险和分担义务并共享工程项目建设成果的管理模式。

该模式的特点是具有组织无边界性。在工程建设中，动态联盟的成员应相互信任，运用高新信息网络技术开展相互协作，并在各自领域发挥自己的优势，使这一临时组织具有更强的工程建设管控能力。

## 3.3 工程项目管理技术

进入 21 世纪后，我国的工程建设项目逐渐呈现出建设规模大、工期短、要求高、建造复杂等新特点，并且随着工业技术的发展以及建筑材料等领域的技术革新与进步，工程施工技术也发生了较大的改变，传统的施工工艺受到了很大的冲击。在此情况下，面对众多大型化、综合化、复杂化的工程项目，传统的工程项目管理技术与手段已难以满足工程建设管理的新要求。因此，为了实现对工程项目的有效管理，诸如工程智能管理系统、专用管理软件、工程定位技术、远程监控技术等一些新的工程管理软件和技术被不断地研发出来，并应用到工程项目的管理当中。实践证明，这些管理中的新生事物不仅有效解决了工程项目管理中出现的若干新问题，显著提高了工程项目的管理水平，而且给工程项目带来了一定的经济效益，为促进工程项目管理技术的进步发挥了积极有效的作用。从目前的情况来看，在工程项目的管理技术方面，最为突出的是工程信息管理技术、工程信息智能处理技术和工程现场管控技术。

（1）工程信息管理技术

在工程项目技术管理方面，最为显著的一个变化就是：在当前大量工程项目管理中，很多工程建设单位基于计算机和网络技术，已搭建起了运作高效、信息共享的管理信息系统平台，从而实现了在工程信息收集、传输、加工、储存、更新和维护中的高效管理。这一平台的搭建，不仅满足了工程项目管理者及时了解和掌握工程项目实施状态的管理需求，而且为工程项目管理者根据工程项目的实际情况及时做出决策提供了更为有效的管理技术手段。

（2）工程信息智能处理技术

随着科学技术的不断发展与进步，工程建设项目的科技含量也越来越高，工程项目管理中的知识密集型和信息密集型特点也越来越突出。在工程项目的质量、进度、费用、安全等管理方面，对工程建设管理人员的管控能力也提出了更高的要求。面对工程建设中不断涌现的大量工程信息、数据和资料，传统的管理方法已无法满足工程建设者的管理需求。只有通过更为精准、直观的形象测量与管理、综合分析、诊断与评价，才能实现对工程项目的有效管理与控制。因此，一些具有智能化、自动化和自控化特点的工程管理技术被逐步引入工程项目管理领域，大量专门用于分析和处理工程质量、进度、费用、安全等管理对象的管理软件也被不断地开发出来，并应用于工程项目的管理之中。这些新技术、新软件的应用不仅加快了工程信息的快速流通，实现了工程信息的快速利用与共享，提高了项目参与各方的协调合作能力，而且实现了管理者对工程项目的有效管控，从而大幅减少了工程项目参与各方之间的各种冲突与矛盾，为工程项目的顺利实施提供了更加有力的保障。

（3）工程现场管控技术

面对工程项目建设中出现的新工艺、新设备和新材料等新的施工作业方式，就需要采用与之相应的新的工程管理技术来满足工程项目中的管理需求。例如，在工程项目的测量定位和放线方面，目前国内已有若干工程采用远红外线测控技术来控制工程测量精度，或采用全球定位系统（GPS）或北斗导航系统来控制工程项目的坐标精度；还有的采用3D技术来指导工程项目特殊部位的施工，以确保工程设备安装精度满足特殊要求；还有一些特殊工程，通过无人机来实现工程施工现场的远距离操控，或通过微型卫星实现对工程项目的远程监控。

目前，在工程建设领域，深基坑支护技术、高强高性能混凝土技术、高效钢筋和预应力混凝土技术、粗直径钢筋连接技术、新型模板和脚手架应用技术、建筑节能和新型墙体应用技术、新型建筑防水和塑料管应用技术、钢结构技术、大型构件和设备的整体安装技术、计算机应用和管理技术等已成为国家重点推广的工程施工技术，与此相应的工程管理技术也实现了同步匹配。值得肯定的是，这些工程管理新技术都为实现工程管理技术的进步做出了积极的贡献。

## 3.4 工程项目管理理论

自20世纪80年代项目管理被引入工程建设领域以来，经过40多年的发展，具有中国特色的工程项目管理体系已逐渐形成。起初，工程项目管理的主要内容是如何在工程建设中实现科学的项目化管理，工程项目的管理也主要集中在如何通过项目化管理更好地提高工程项目的质量、降低工程费用、加快工程进度等方面。到了20世纪90年代，为了满足大规模工程建设中的管理需求，工程项目管理界逐渐开始关注工程项目的组合管理和工程项目的群管理，就如何实现对大型工程项目的有效管理展开了分析和研究。

进入21世纪后，尤其是近些年来，随着我国科学技术的不断发展和社会的不断进步以及人民生活水平的不断提高，工程项目管理的对象和内容也发生了较大的改变。在充实和完善工程项目管理理论的同时，也使工程项目的管理理念发生了若干新的变化。例如，在工程项目的实施中，工程管理者需要更加注重工程信息的高效分析与处理，需要更加注重基于工程实用技术的灵活性管理。在工程项目管理理论方面，需要更加注重开展实证性的研究和探索，而非传统式的引用性和思辨性论述。特别是以下几个方面,已成为工程项目管理理论的重点关注对象。

**（1）工程项目中的和谐管理**

通过大量的工程实践，工程项目管理者已深刻体会和认识到，面对众多工程项目参与方，只有使工程项目参与各方和谐相处、相互协调与配合，才能最终实现多方共赢，从而顺利实现工程项目建设的预期目标。

**（2）工程建设中的人本管理**

在工程项目的建设中，人既是工程项目中的管理者，又是工程项目中的被管理者。这一双重身份使得工程项目中不可或缺的人员管理具有了与其他管理对象不同的特殊性。人所具有的独特思维能力和心理活动能力以及行为自主能力，使得工程项目管理者只有从人性化管理的角度出发，才有可能实现对人的有效管理。

**（3）工程建设中的文化管理**

项目文化是一种不同于普通组织文化的速效文化，它要求在项目组织成立初始就产生文化自身所具有的内力，在促使项目参与各方相互支持和相互配合的同时，又要约束每位项目成员的自我行为，从而避免在工程项目管理中出现不和谐行为，给工程项目的正常实施造成人为的阻碍和约束。

**（4）工程施工中的环境保护**

近年来，随着人们环保意识的增强，工程项目建设时的文明施工和环境保护已成为工程项目管理中的重点管理对象。为此，工程项目管理理论中也融入了更多的环保专业知识。

**（5）工程项目中的柔性管理**

面对工程项目建设中的各种管理对象以及工程项目管理中的随机性等问题，工程项目管理界正在不断探索更为灵活的管理模式，并将这种灵活的管理思想、方法与模式定义为工程项目的柔性管理。其目的就是使工程项目管理更加适应工程项目建设过程中的种种变化，及时满足工程项目的管理需求，从而更好地为工程项目管理提供及时有效的服务。

**（6）工程项目中的管理艺术**

经过 40 多年的发展，工程项目管理理论已从过去仅仅阐述管理理念、管理方法、管理工具等硬技术的理论发展到了涉及诸多方面的全方位管理理论。特别是近几年来，工程项目管理理论尤其关注与人紧密相关的思维、行为、情感、文化等方面的问题。由于人是工程项目的主导者，只有管理好工程项目参与各方的人的思想与行为，才能使之更好地为工程项目的建设服务。对此，很多工程项目管理者认为，工程项目管理更应该是将思想转化为现实、将抽象转化为具体的科学与艺术。因此，工程项目中的管理艺术也将是工程项目管理理论中不可或缺的有机组成部分。

## 3.5　工程项目管理实践

通过几十年的努力，我国在工程项目管理实践方面已取得了极为显著的成果，不仅形成了具有中国特色的工程项目管理理论体系，构建了系统完整的工程项目管理体制和运行机制，而且为工程建设企业培养和造就了一大批懂法律、会经营、善管理的工程项目管理人才，并在加强工程项目的组织管理和项目经理的职业化建设、提高工程项目的建设质量和管理效益等方面取得了巨大成就。从工程项目管理的实践情况来看,工程项目管理已在以下几个方面取得了显著的进步。

第一，在工程项目的决策阶段，工程项目的可行性研究方法与模式已日趋成熟，并成为工程项目决策分析与立项审批中不可或缺的重要工具。

第二，在工程项目的准备阶段，不论是确定工程项目的管理模式，还是开展工程项目招投标以及其他管理工作，都有了系统完善的工作流程与程序，并且这些管理方法与程序可以完全满足我国当前工程项目的建设管理需求。

第三，在工程项目的施工阶段，工程项目的质量管理、进度管理、费用管理、风险管理、安全管理等各个方面都有了相应的工程管理方法和管理技术，这些管理方法与技术已在工程项目管理中得到了普遍应用并产生了显著的经济效益。

第四，在工程项目的竣工阶段，已建立起工程项目竣工验收、费用结算、设备设施试运行等有效管控体系，同时也开展了工程项目的后评价工作，能够及时总结工程项目的管理经验和教训。

第五，为实现对工程项目的有效管理，我国相继引入了信息管理技术、自动控制技术、远程监控技术、工程预警技术等多种新技术，这极大地提高了工程项目的管理水平和管控能力，使我国在保障工程质量、避免安全事故、降低工程费用、加快工程进度、预测工程风险等方面取得了显著的进步。

当然，在工程项目管理中也暴露出了很多不足与问题。例如，在工程项目组织管理方面，尽管采用了工程项目管理模式，但在工程实际管理中，特别是在工程项目审批和招投标中,依然时常发生行政权力过度干涉和介入的现象。同时，在工程项目建设前，虽然制定了各项规章制度，但职责义务不清、制度范围不明、有规有法不依、执规执法不严、遇事相互推诿、管理合作低效、主观臆断决策、管控力度不足、管理技术落后等问题也时有发生。尽管大多数工程在项目实施中使用了工程信息管理系统，我国工程建设主管部门也已实现了工程信息的大面积覆盖，但该系统的建设还处于起步阶段，工程信息化管理技术还在进一步的普及当中，所搭建的工程信息管理平台还需要不断改进和完善。这些问题的存在，不仅会给工程项目带来不同程度的不利影响，而且会给国家的利益和人民的生命财产造成各种各样的损失。因此，我国的工程项目管理还有很多需要改进和完善之处，还需要通过更多的努力和奋斗来实现工程项目管理的革新。

## 3.6　工程项目管理的发展方向

随着工程项目管理模式和管理技术的不断变革与发展，传统的工程项目管理理论已被注入了新的内涵并呈现出新的活力。从近年来的工程项目管理理论研究成果可以看出，工程项目管理正在朝着集成化、技术化、多元化和自控化等方向快速发展。工程项目的管理已经不是传统意义上的一般性管理，而是更倾向于以工程技术为基础的专业化管理；不仅运用本工程技术领域的管理技术，而且将其他领域的先进技术也引入进来。多学科、跨领域的工程项目管理新模式已基本形成。特别是在以下几个方面，这样的发展方向更为明显和突出。

**（1）工程BIM技术的普遍应用**

建筑信息模型（building information model，BIM）技术作为一种先进的工程项目管理技术和工具，已在工程项目管理领域呈现出强劲的发展态势。在我国，以北京奥运工程 BIM 技术应用为起点,开启了 BIM 技术的应用热潮。到目前为止，应用 BIM 技术的工程案例几乎覆盖了我国工程建设的各个领域，并呈现出快速发展的势头。从 BIM 技术自身角度来看，其在工程设计、施工组织模拟、工程概预算、数据库构建等方面提供了非常有效的处理方式，并在参数可视化协调设计、信息化施工指导与管理、数据一体化存储与共享等方面有着极强的优势，从而对提高大型复杂工程设计质量及效率、降低信息传递成本、打造高效的工程项目管理新模式具等起到了很大的作用，因而被广大工程项目管理者所接受。

通过运用 BIM 这一先进的管理理念和可行的管理技术，工程项目管理者可以构建起三维信息化管理平台，在计算机上进行虚拟建造和施工组织，这样可以把复杂的工程管理变得简单化和高效化，及时发现工程建设中可能出现的问题，从而推进了传统工程管理方式的积极变革。同时，应用BIM技术还可为工程项目管理提供一个新的可视化平台，这在提高工程质量、降低工程成本、加快工程进度、缩短建设工期等方面发挥着极为有力的保障作用。

当然，从目前的情况来看，现阶段BIM的应用还仅仅停留在概念设计和局部应用阶段。BIM软件尚不成熟，还存在兼容性差、缺乏BIM统筹管理机制和统一标准、投入成本较高等问题，因此，还需要工程项目管理者进行不断的研究和探索，以使BIM技术为工程项目管理发挥更大的作用，产生更大的效益。

**（2）工程专用管理软件的设计与开发**

在工程项目中，从工程项目的决策分析和方案设计开始，一直到工程施工模拟、竣工结算和项目后评价为止，计算机网络技术都在其中发挥着不可估量的作用。可以说，离开了计算机网络技术，工程项目管理及其效率将大打折扣。因此可以预计，今后的工程项目管理水平与能力将日益取决于计算机资源的质量，工程项目管理的效率也将越来越受到计算机及工程管理软件开发速度的影响。

基于这一管理需求，目前仅美国就有200多家公司在从事开发各种类型的工程项目管理软件的业务，其研发工作也正朝着专业化、集成化和标准化的方向发展。这些软件不仅可以满足工程项目局部管理系统的使用需求，而且只要通过必要的关口设置，还可实现多媒体化和网络化的系统连接，以实现多时域空间的无限连接与信息共享。此外，为了满足工程项目的个性化管理需求，很多工程项目管理软件还将进一步利用先进的科学研究成果，向管理系统化和多元化等方向并行发展，从而为工程项目管理提供更强大的决策支持。

**（3）工程远程管理与控制**

当前，面对许多跨区域、多环境、超远程的工程建设项目，单纯依靠传统的人工现场监管模式已无法满足工程项目的现代化管理需求。特别是当工程项目处于恶劣环境或工程施工现场与工程管理中心相距数百公里甚至更远时，传统的工程项目管理方式就更难实现对工程项目的有效管理与控制。对此,随着航空技术、图像采集技术、微电子技术和信息处理与传递等高新技术的成熟与投入应用，工程项目管理者已经可以在工程特殊地段的材料运输、设备安装、线路巡视、数据远程传输等方面引入直升机或无人机，通过其快速获取工程施工现场的全部实施状态的即时信息，来实现对工程项目的全角度、超远程动态监控，从而使工程项目始终处于可视状态。同时，工程项目管理者还可利用 GPS 定位技术和卫星测控技术，开展线路勘测、管线测量、隧道贯通、精确定位和施工监测等工作，使其对工程项目的管控能力成倍提高。更为重要的是，这些技术不仅可以实现对工程项目的远程管理与控制，节约大量的人力、物力和财力，而且可以有效地规避工程所处地理环境的限制和施工管理人员的主观干扰，从而及时获取最为直接和客观的工程信息，为工程项目管理者做出科学的决策提供最为直接有效的实物证据。

尽管上述技术在工程项目管理领域已初见成效，其已在部分工程项目中开展了试验性探索，积累了一定的科研经验，但投资过大、成本偏高、专业人员技术水平要求过高等问题在一定程度上阻碍了这些技术的进一步发展。当然，虽然存在不少亟待解决的技术难题和各种其他问题，但毕竟这一先进的管理技术为今后的工程项目管理指明了发展方向。

## 3.7 工程项目管理的新特点

进入 21 世纪之后，随着国民经济持续、稳定地快速发展，我国的工程建设也步入了高峰期，工程建设规模逐年扩大，工程项目的内外环境和复杂程度也远远超过了以往。在一大批高难度、高质量的大型、特大型工程项目相继建成的过程中，我国的工程技术和管理水平也得到了大幅度的提高。从总体上看，工程项目管理已呈现出以下几个方面的新特点。

**（1）从单体工程管理发展到对整个工程项目的系统性综合控制**

改革开放以来，尤其是近十几年来，我国的工程建造技术水平有了显著的提高，对工程项目的管理已从过去对工程的单体管理逐步扩展到了对整个工程项目的系统性综合控制。然后，在对我国工程建设经验不断总结与完善的基础上，又从对整个工程的综合控制逐步发展到了对工程项目的群体控制。同时，为了促进工程项目的可持续发展，使工程项目管理技术不仅为工程项目服务，也为人类创造更美好的未来生活空间服务，又从对工程项目的群体控制发展到了对工程项目整个生命周期的管理和控制。这个控制过程最明显的特点就是环境保护、节能降耗、循环经济和可持续发展等思想已融入工程项目的整个管理过程之中，在工程项目管理中构建了工程项目管理的新理念。

**（2）从单纯的静态管理发展到对整个工程项目的动态管理**

过去，在工程项目管理者的意识形态里，工程项目是固定的、不变的、相对独立的，因此，工程项目管理者就常常用静态的思想和方法来分析和看待工程项目中存在的问题，致使对工程项目的管理始终处于被动状态，直到工程项目出现问题后才进行分析和判断，然后制定相应的对策。但是，工程项目一次性的特点使得工程项目中一旦出现问题就会发生不可挽回的损失。为此，通过大量的分析和研究，工程项目管理者发现了工程项目中若干问题的发生、发展和分布规律以及诱发工程项目出现劣化状态的机理。这些科学的研究成果使人们逐渐认识到工程项目自身及其所处环境的内外因素与工程项目发展状态的内在关系，认识到工程项目自身所具有的动态性、可变性和相关性。鉴于此，针对工程项目中存在的各种问题，工程项目管理逐步从单纯的静态管理发展到对整个工程项目的动态管理。工程项目管理者提出了一些具有针对性的预测技术、预警方法和诊断措施，并通过与现场监测、远程控制、数据传输和分析技术的有效结合，逐步实现了对工程项目的在线动态管理。

**（3）从单一学科知识的应用扩展到了多学科知识的交叉管理**

过去，工程项目管理者对工程项目管理中存在的问题总是从工程项目管理的角度来思考和解决，人为地将项目的若干部分割裂开来，致使许多问题一直得不到很好的解决。为了有效地解决工程项目中存在的各种问题，管理者就尝试用其他学科领域中研究和解决问题的思想与方法来探索解决工程项目管理领域中若干问题的新途径，这样，系统论、控制论、信息论、模糊数学、神经网络、遗传算法、博弈理论、优化理论、耗散理论、粗糙学、鲁棒学、循证医学、诊断学、行为科学等多学科的知识就被逐步引入进来，不仅扩展了研究者的思想和观念，避免了单一学科知识在解决问题方面能力的不足,而且还有效解决了工程项目管理中的许多问题，使得工程项目管理者和研究者的项目管理水平都得到了很大程度的提高。同时，这些多学科知识的综合应用也极大地促进了工程项目管理科学的快速发展。从总体来讲，工程项目管理的发展已呈现出两大特征：一是各学科领域都在积极探索如何通过工程项目管理技术来更加科学和系统地研究和解决本领域的若干问题；二是工程项目管理领域也在尝试和借鉴其他学科领域分析和研究问题的方法来解决本领域的问题。这种跨行业、跨专业、有理论、有实践的学科交叉与集成不仅促进了工程项目管理的快速发展，而且对整个科学技术的进步也具有十分重要的意义。

**（4）从单维的工程项目管理转换到了综合性的集成管理**

与过去相比，现代工程项目的施工环境与条件都发生了巨大的变化，其普遍特征可以从两个方面来概括：一是形态特征，集中表现在工程量大、工期紧、要求高、难度大和技术含量高；二是系统特征，集中表现在多重作业、多元集合、多级传递、多维管理和多种状态。基于这些特征，工程项目中呈现出的各种问题就具有了明显的综合性、多样性和复杂性。随着工程建设规模的不断扩大，项目中所包含的因素也越来越多，涉及面也越来越广，需要分析、研究和解决的问题也越来越多，难度也越来越大。因此，对工程项目单一手段或方式的管理已不再有效。面对工程项目中问题的综合性、复杂性以及多样性，现代工程项目管理也需要提出有针对性的管理方法与手段来应对。这些管理方法不仅需要以工程项目管理技术为基础，更需要集成其他领域的知识，由此而创造出的新方法才有可能有效解决工程项目中出现的若干新问题。

## 3.8　工程项目管理中存在的主要问题

与过去相比，在我国的工程项目建设中，无论是所使用的技术还是工程建造材料以及所使用的工具，都发生了很大的变化，甚至是质的飞跃。但与此同时，这些新材料、新技术的应用无论在工程管理的理论方面还是在工程管理的实践方面，都对工程项目管理提出了更多更高的新要求。尽管我国通过若干世界级的大型、特大型工程建设拥有了世界一流的施工技术，但从工程管理的角度来看，我们却没有世界一流的工程管理方法，我国在国际上知名的工程管理专家也十分有限，尤其是工程项目的管理水平与先进国家的管理水平相比，在整体上仍有很大差距。尽管其中的原因很多，但究其根本，主要还是对工程管理的认识方面存在着很大程度的片面性，在理论研究方面和在教育培训方面存在的两个欠缺以及在思想认识与管理方法创新方面存在的两个不足已成为促进工程项目管理发展、提高工程项目管理水平的主要羁绊。

**（1）在理论研究方面的欠缺**

工程管理科学具有源于实践但又高于实践的特点，因此，工程管理理论的凝练就不仅需要多学科知识的综合和集成，更需要将工程项目管理方面的研究建立在工程实践的基础之上。然而，目前的工程项目管理理论研究基本上都是引用性和思辨性的研究，没有采用国际上重视的问卷调查或现场收集实际数据的实证性研究方法。由于这种研究方式并没有充分建立在工程项目实际的调查基础之上，或者研究中所采用的数据未能满足研究所需的大样本实际需求，因而工程项目管理理论研究结果就有可能不能有效反映工程中研究对象的实际情况，其研究所得出的结论在工程实际应用中的价值也就值得怀疑。这种研究方法不仅不利于工程项目管理理论研究水平的实质性提高，而且也不利于我国工程项目管理水平的实质性提高。

**（2）在教育培训方面的欠缺**

在我国的工程项目建设中，一个很明显的特点就是大量农民工的使用。有关研究资料表明，在众多的行业中，工程建设行业的人员素质是较低的。大量农民工本来就缺乏工程建设所需的专业知识，而工程建造业又具有劳力人员稳定性低、工程建设期约束性强、成本受到严格限制等特点，这使得很多建设单位没有足够的时间、人力和财力去培训和教育从事工程建设的农民工。因此，工程质量和安全意识就很难在他们的头脑中牢固地树立起来，工程质量和安全的有关制度规定也就很难贯彻到施工过程中的每一个环节，这就给如何对工程实施有效的管理提出了最现实的问题。

**（3）在思想认识方面的不足**

当前，在我国的工程管理实践中存在着三个“取而代之”的倾向：一是用自然科学或技术专家的判断取代管理科学或管理专家的分析与研究；二是用社会科学或长官意志取代管理决策行为；三是用一般工业化、商业化的管理理论和方法来包含和替代工程项目的管理理论，忽视工程建设自身所具有的特殊性。这三种取代行为即使有了个别的成功案例，也加大了工程项目的建设成本，总体效益不佳。同时，在我国的工程项目建设过程中，依然存在着贪大求全的不良行为，存在为了工期不顾成本、为了成本不顾质量、为了质量不顾安全和环保等多种非科学的管理行为。单从工程技术的角度是很难解决这些问题的，还需要自始至终地以科学理念去引导和管理。因此，从根本上深刻认识工程项目管理的重要性并赋予其应有的地位已成为保障工程建设顺利进行的必然趋势。

**（4）在管理方法创新方面的不足**

进入21世纪后，我国的工程建设与管理有了长足的进步与发展，但与发达国家相比，无论是在工程技术的科技含量方面，还是在工程管理水平方面，都缺乏明显的竞争力。尽管其中原因很多，但其中最主要的问题是我国在工程项目管理方面的创新能力存在明显不足。然而，随着经济全球化、产业国际化的进一步发展，经验式和粗放式的工程项目管理方法已无法满足我国工程建设持续、稳定、健康发展的长久需要，如果我们不迅速提高自身的素质和核心竞争力，就有可能逐渐成为世界生产链中的加工场，而发达国家则有可能利用它们所拥有的大量知识产权和专利占据主要地位，我们只能以廉价的劳动力来赚取微薄的利润。这样下去，中国就会成为外国工程技术的试验场，更令人担忧的是，这可能会使我们在国家发展的同时，失去在工程领域超越发达国家的宝贵机会。为此，在加快我国工程建设发展步伐的同时，如何促使工程项目管理水平实现质的提升，大幅提高我国工程建设行业在国际上的生存能力和竞争能力，就成为工程项目管理研究中一个急需思考和解决的重大现实问题。

除上述四个方面外，通过大量的分析、研究和总结，我国工程项目管理领域的若干专业学会以及研究组织也明确指出，在工程项目管理领域，工程项目的基本概念缺乏准确定位、工程项目管理的系统框架不完整、缺乏基于工程实际的实证性研究、基于理论视角的研究成果难以解决工程实际问题等若干基础性理论问题还未得到根本性的解决。同时，在利用国外的若干先进技术和管理软件来解决我国工程建设项目管理中的若干问题时，还存在着照抄照搬、崇洋媚外的问题，还没有实现真正意义上的管理技术消化与吸收，没有结合工程项目的现实需求，提出能够有效解决工程实际问题且具有中国特色的工程项目管理新思想、新方法和新模式。对此，我国的工程项目管理者不仅需要从科学理性的角度去研究和探索，更需要以积极的心态和吃苦耐劳的精神创造出更多具有原创性的管理理念和管理方法。

## 3.9 工程项目管理的研究现状

工程管理科学是集自然科学和社会科学于一体的综合性交叉学科，由于工程管理科学在解决工程实际问题时需要以工程技术为平台，以管理方法为手段，这就决定了工程管理科学不仅与自然科学密切相关，而且与社会科学密不可分。鉴于此，许多研究者为了更好地解决工程项目管理中存在的问题，就在深入了解和掌握其他学科知识的基础上，对工程项目中存在的问题进行了新的探索。如在项目组织建设方面，引用普利高津的耗散理论研究了项目组织的行为机理，应用斯塔克尔伯格（STACBERG）模型描述和解决了工程项目组织人员的冲突行为，并提出了具有互适性的项目管理新机制。在工程质量管理方面，鉴于传统管理方法的局限性，提出了基于循证管理思想的双梯度质量管理新方法。在工程项目进度管理方面，提出了基于佩特里（PETRI）网络的工时相依修正法。在工程项目的费用管理方面，提出了基于动因原理和神经网络的成本控制新技术。在工程项目的安全管理方面，在原有的基础上，结合工程项目的特点，引入了心理测量原理，这对于从理论上研究和探索并揭示项目文化影响安全行为的机理是一个全新的尝试。在工程项目资源管理方面，提出了有形资源与无形资源的新概念，并采用柯布－道格拉斯生产函数研究了工程资源的最佳配置，这对于充分挖掘工程项目资源、提高工程项目管理水平具有非常重要的意义。

同时，为了更加有效地管理和控制工程项目，使得工程项目管理人员能够及时、准确地了解和掌握工程项目的实施状态，使工程项目能够按照管理者的预定方向去发展，近年来，一些工程项目管理研究者引入系统论、控制论、信息论、规划论、优选法、技术经济分析、价值工程等科学管理方法，结合工程实际，先后提出了面向工程实际的多种工程管理绩效、管理状态、管理效果的分析模型和评价方法。这些管理方法不仅给工程项目管理者及时发现工程项目中存在的问题提供了有益的指导和帮助，而且为工程项目决策者在若干问题的分析和决策方面提供了科学有效的新方法和新手段。

此外，有越来越多的研究成果表明，工程项目管理专家们正以极大的兴趣关注着所谓工程项目的“软”问题，诸如工程项目过程中的思维、行为、情感、适应性、项目管理中的交叉文化问题、项目经理的领导艺术等等。同时，随着科学技术的迅速发展，以及人类社会的不断进步，人类在满足衣食住行的基础上开始逐渐认识到了所属生存环境的重要性以及其所需资源的紧缺性。针对伴随工程建设产生的一系列负面行为带来的灾害与疾病，人们开始了深刻的反思，逐渐在与自然和谐共处的发展理念上形成共识，在工程建设中已融入可持续发展、循环经济等思想。这样，环境学、生态学等科学又与工程管理建立了新的联系，逐渐出现了工程绿色化管理、工程状态的健康分析、工程生态管理等新的研究方向。更重要的是，这些研究的初步成果已表明，这种研究思想与方法对促进工程项目管理的实质性进步具有非常重要的科学意义和社会价值及经济价值。因此可以预测，今后的工程项目管理不仅包含现在的工程管理内容，而且还要逐步外延至工程项目所涉及的更广范围，并更加重视软目标的实现，更加重视项目后期效益、效果和体现的价值，以及对社会、环境、人类所带来的影响。同时，在工程项目实施过程中也更加注重有效、合理地利用和保护各种自然资源，实现人类的可持续发展，从而使工程项目管理成为一门全面、完整、系统的管理学科体系和实用有效的科学管理方法。

## 3.10 工程项目管理的创新途径

面对工程项目管理领域中出现的众多新问题，大量的研究成果已表明，如果工程项目管理者在其研究中能够科学合理地组合和正确使用其他学科知识，方法得当且又切合实际，就有可能得到好的研究结果，达到预期的研究目的，并能创造性地提出有效解决工程实际问题的新思想、新观点、新方法和新途径。从目前的研究方法来看，工程项目管理的创新途径可以归结为理论仿真模拟、现有方法改进、学科交叉集成和工程实践凝练四个方面。

**（1）理论仿真模拟**

在工程项目管理问题的研究中，一个很重要的研究手段就是研究结果的仿真模拟。可以说，在未知管理和预测管理中，模型的构建与分析是一种较为理想的研究手段。研究人员可以通过对模型的构建与分析来研究和确定研究对象系统内部各部分的相互依赖关系以及它们对系统的整体作用与效应，也可以预测某些因素对研究对象整体的影响程度。因此，在理论研究中，理论仿真模拟也是工程管理创新的一种有效工具。

**（2）现有方法改进**

现有方法改进是指在总结和继承他人优秀研究成果的基础上，通过更深入的研究和探索来获取解决问题的新方法的一种模式。使用这种模式不仅需要确认他人解决问题方法的正确性，而且更重要的是发现其存在的问题，并在积极汲取其他学科知识的基础上，对发现的新问题进行更为深入系统的研究。古语所说的“学而不思则罔，思而不学则殆”则是这一研究方法的指导方针。

**（3）学科交叉集成**

在科学发展史上，无数科学发明和创造的事实已充分证明，相似的启发是科学创新的桥梁。大量的工程实践也已证实，相似规律的运用也是提高工程管理水平的有效途径，如将耗散理论、博弈理论和和谐理论集成而形成的具有互适性的工程项目管理新机制，基于医学和循证管理思想所建立的工程质量管理新方法，与 ROUGH 推证和诊断学以及医学相结合的工程实施状态评判方法，都已被实践证明是行之有效的工程管理新方法。因此，工程相似学的思想，打破了不同学科固有的界限。在相似学理论的指导下，不同学科的相互交叉与集成所带来的启发与融合已为工程管理理论的方法探新打开了又一扇创新性研究大门。

**（4）工程实践凝练**

工程建设最大的特点就在于它有很强的个性，特别是一些在特定条件下需要完成的工程项目更需要有相应的特殊方法来管理和指导。从严格的意义上讲，世界上没有完全一样的两个工程，每个工程不仅与当时的建设环境紧密相关，而且与当地的人文地理密不可分。虽然可以在设计上采用相同的图纸，但工程的组织模式、材料的运输方式、能源的引入路径等都需要依据当时当地的实际情况来确定，这无疑给工程项目管理方法的不断改进与创新留下了很大的创造性空间。因此，在工程项目的管理实践活动中，可以通过与工程实施环境的紧密结合来研究和探索具有针对性的工程项目管理新方法。在此基础上，通过与原有方法的对比和科学的理论分析，提炼出具有普适性的工程项目管理新方法。

总的来讲，工程项目管理的研究方法有定性和定量两种，纯粹的定量研究可能会存在一些不可避免的缺陷，使人们过多地依赖具体的数据。工程项目管理毕竟含有大量的实践经验，因而纯粹的理论数据不一定能够很准确地描述出含有管理者思想的行为取向和动机，定性研究或模糊评判却能在一定程度上弥补其不足。因此，如果能在科学研究的过程中，将定性分析与定量研究相结合，就有可能使研究结果更具有科学性和可靠性。同时，若能将理论推证与实际验证相结合、专家论证与仿真模拟相结合、微观分析与宏观评判相结合，则有可能发现工程项目管理的新途径，为工程项目管理水平的提高做出更大的贡献。

# 4

## 创新案例之一

## ——基于循证医学科学的工程项目管理新思想

一般来讲，科学研究按其性质可分为两大类，一类是理论性研究，另一类是实证性研究。纯理论性的研究多是对原理论体系的完善，或者是对原理论体系的拓展，此时的理论体系被认为是有缺陷的或是不完善的。实证性研究则不然，它多以经验性命题为研究对象，而且其研究结果应具有可证性。实证性研究常通过对来源于研究对象的实际数据进行统计和分析，解释和描述研究对象在实际中的真实状态。在此基础上，通过对研究对象的演化分析，揭示研究对象的本质特征或其运行机理，为有效解决研究对象中出现的问题提供科学的依据。数据、模型、分析、推证、检验与结论是实证性研究的六大要素。由此可知，实证性分析主要是基于实际数据、信息和案例来揭示研究对象本质特征与规律的。但前提是，这些研究的初始数据和信息以及案例必须是可信的、来源可靠的、样本足量的、满足研究所需的。如果初始的数据不可靠、不可信，缺乏足够有代表性的样本，那么研究结果就不能揭示、解释和描述研究对象的真实状态，甚至可能与事实偏离，从而失去其研究的价值。

然而，综观目前工程项目管理中大量的实证性研究文献可知，工程项目管理中许多实证性问题的研究实质上都是采用引用性和思辨性的方法对研究对象进行分析和阐述的，这一点从大量文献的研究内容、研究过程甚至研究结果的高度相似中即可得到有力的证明。从科学研究的角度来讲，这种引用性和思辨性的研究方法会给纯理论问题的研究带来一些有益的参考和启发，但若要研究并解决工程项目管理中的实证性问题，这种方法就显现出明显的弊端，其最主要的原因就是研究者在研究过程中缺乏足量的研究样本来对研究对象的实际状态进行科学、正确、全面、有效的描述，或研究样本缺乏必要的科学举证来为其研究提供可靠的实证性依据。面对研究样本的缺乏，研究者就有可能通过基于主观分析的其他方式来适度增加若干分析研究对象的数据。若如此，所得出的研究结果就可能包含过多的主观臆断，其研究成果在工程实际中的应用价值也就极易遭到质疑。

**为了保证研究结果的可信性、可靠性和价值性，研究者在分析和解决实证性问题的过程中，就必须基于实际、结合实际、面向实际，以实际为基础，以实际为导向，以实际验证结果为依据。而这一思想与方法正是循证理论所倡导的科学研究方法。因此，如何将基于循证医学的循证理论科学地引入工程项目管理的实证性研究中，为解决工程项目管理中的实证性问题提供更加科学有效的研究方法就成为工程项目管理研究值得探讨的问题之一，而本章正是基于这一需求开展的专题论述。**

## 4.1　循证医学的基本内涵

循证医学（evidence-based medicine，EBM），即遵循证据的医学，是近年来国际上在医学领域迅速发展起来的一种新的医学研究模式。循证医学的创始人之一、英国著名的临床流行病学家戴维·萨科特（David Sackett）在其出版的《循证医学》一书中，给循证医学中循证方法下的定义是：谨慎、准确和明智地应用目前所能获得的最佳研究证据，同时结合医生的个人专业技能和多年的临床经验，考虑病人的价值和真实愿望，将三者完美地结合起来，以确定患者的治疗措施。其内在含义是指任何临床的诊治决策都必须建立在当前最好的研究证据、临床专业知识与患者实际病况相结合的基础上，且医疗的最终决策必须以客观分析结果为依据。在医疗过程中，无论是医生开具处方、制订治疗方案或医疗指南，还是政府机构做出医疗卫生决策，都应依据现在最好的研究结果来进行。由此可知，循证医学体现了医学诊治的新思想和新模式，强调了最佳证据、专业知识和经验、患者需求这三者的整体结合，并且指出三者缺一不可、相辅相成，共同构成循证医学诊治和研究方法的主体。

在循证医学的知识体系中，与循证医学紧密相关的几个重要概念是大样本随机对照试验（RCT）、系统综述（SR）、荟萃分析（Meta 分析）、科克伦（Cochrane）协作网及计算机和网络技术。

**（1）大样本随机对照试验（RCT）**

大样本随机对照试验（randomized controlled trial，RCT）是一种特殊类型的前瞻性研究，它通过比较干预组与对照组的研究结果来确定某项干预措施的效果和价值。大样本随机对照试验的三个基本原则是对照、随机分组和盲法试验。进行大样本随机对照试验研究之前，首先要经过实验室试验验证有效并对人体无害，然后再进行小规模临床试验，评价其作用大小。通过计算大样本随机对照试验研究的样本量来确认其无毒和有效性。拟订的大样本随机对照试验研究方案一般包括研究对象、诊断标准、观察例数、随机分组、给药方法以及评定指标的标准化。在实践中，证实疗效常需要进行具有足够检验效能的大样本随机对照试验，因此出现了多中心临床试验。

**（2）系统综述（SR）**

系统综述（system review，SR）是一种客观的、定量的总结和整合原始研究结果的研究方法，是全面收集所有相关的大样本随机对照试验结果并进行科学的定量合成从而得出综合可靠结论的过程。在系统综述里，统计学方法是最常用的方法，主要用来检查原始研究不同研究结果的差异，确定不同的原因以及归纳和整合原始研究的结果，即 Meta 分析。因此，系统综述为循证医学提供了最完整、最可靠、最具权威性的证据，对解决大样本随机对照试验中出现的问题带来了很大的帮助。

**（3）Meta分析**

Meta 分析是由心理学家格拉斯（Glass）首次提出的统计学方法。这一方法被应用于医学领域之后，日益受到重视。Meta 分析建立在全面地对文献研究质量进行系统评价的基础之上。为此，学术界也把对医学文献进行全面系统的评价称为系统分析，而当应用特定的统计方法定量地进行系统分析时即称之为 Meta

分析。目前，Meta 分析已取得了一大批研究成果并作为可靠的证据，使循证医学有证可循。

（4）Cochrane 协作网

Cochrane 协作网是以英国已故著名流行病学家、内科医生阿奇·科克伦（Archie Cochrane）的名字命名的资源网，也是一个国际协作组织，其目的是产出、传播和更新医学领域的 SR，为医疗实践和卫生决策提供可靠的科学依据。

（5）计算机和网络技术

计算机和网络技术是 20 世纪科技发展的重要标志之一，计算机和网络技术、国际 Cochrane 协作网和世界各国 Cochrane 中心网的建立与发展，为临床医生快速地从数据库及网络中获取循证医学证据提供了现代化的技术手段。同时，计算机和网络技术的迅速发展也有力地促进了循证医学的快速发展。

## 4.2 循证医学的起源与背景

20 世纪中叶，随着社会经济的快速发展和医学技术的不断进步，传染性疾病的发病率已大幅下降，但与心理和社会因素有关的疾病却显著增加，健康问题已从传染病和营养缺乏等问题逐步转变为肿瘤、心脑血管疾病和糖尿病等多因素疾病问题，并且由于病因的多样化，疾病的发病机制、病理表现、临床预后等各不相同。若想对这些病症实施有效的诊治，就需要获取最新的临床证据，并针对具体病例做出切合实际的临床决策。更主要的是，人类疾病表象谱发生了变化，即逐步从单因性疾病向多因性疾病转变，因而，治疗方法也应随之改变。

然而，在医学的综合性治疗中，每一种干预措施一般只可能产生很小的疗效。为此，1948 年，英国人进行了人类第一项链霉素治疗结核病的随机对照试验，即大样本、多中心临床试验，结果证实链霉素疗效非常好。如此确切的疗效，再加上严格的研究方法，使其结果很快得到公认。从此，这种方法就被确立为评价临床疗效的最有效方法。但是，尽管使用的都是统一的方法，不同研究者针对同一个问题得出的结果却可能大相径庭，而每项研究结果都号称是最高级别的证据，都是权威专家做出来的。因此，面对各不相同的研究结果，临床医师应该相信哪一种结果，就迫切需要一种更加科学的方法来对研究结果进行分析和评价，并期望通过这种方法，把应用相同干预措施治疗相同疾病的所有高质量临床研究都集中起来，最终得出一个结论，解决临床医师无所适从的问题。

针对这一问题，医学界对传统医学模式进行了反思。一些研究者认为，传统医学是以个人经验为主的诊治方法，医生常以自己的实践经验、高资历医师的指导、教科书和医学期刊上零散的研究报告为依据来进行治疗（经验医学）。一种治疗是否安全有效，一个诊断方法是否实用科学，一项管理措施是否具有针对性，这些在医学实践领域中的若干重大问题自古以来都是由经验主义和主观臆断来决定的。然而现代科学证明，这个沿袭已久的决策模式并不是非常科学的。同时，许多人体的大样本随机对照试验发现，一些理论上应该有效的治疗方法实际上是无效的或者害大于利的，而另一些似乎无效的治疗方法被证实是利大于害的。特别是那些估计有效实则无效的治疗不仅给病人带来了大量不必要的损失和痛苦，而且严重影响着医疗卫生服务的质量和效率，因此，医学界认为，临床医学是知识，但不一定是科学。它以纯粹疾病现象为研究对象，得益于基础医学的形成，从类似生物学实验室的研究单位里产生关于人体结构功能、遗传和发育等方面的知识；它一方面赋予医学标准科学的架构（即基础研究加应用研究），另一方面帮助医学摆脱对应一组症候群命名一种疾病的粗糙认识状态（这种认识水平属于疾病的人类文化反应，但提升不到生物学规律上的科学知识的高度）。为此，这就使得经验医学的帽子无法摘掉，以至于医学界不断有促使经验医学向科学医学转变的呼声。

为此，英国流行病学家、内科医师科克伦提出了一种新的医学研究思维，其主要内容是临床工作者不要忽略医疗效果，应将常用的随机对照试验（RCT）应用于临床实践。科克伦在《疗效与效益——健康服务中的随机对照试验》一书中明确提出：在医疗工作中，由于资源终将有限，应该使用已被恰当证明有明显效果的医疗保健措施。科克伦强调，应用随机对照试验证据之所以重要，是因为它比其他任何证据来源更为可靠。他认为，在医学中，医疗保健有关人员应收集所有随机对照试验结果并进行评价，为临床治疗提供当前最好的证据。科克伦的创新性研究，对医学领域存在的如何达到既有疗效又有效益的争论产生了积极的影响。后来，他又提出应根据特定病种疗法将所有相关的随机对照试验联合起来进行综合分析的思想，并组织开展了对临床医学文献的系统评价工作及研究。他建议将随机对照试验作为评价疗效的金标准。这一方法的诞生，把科学实验法在临床医学研究中的应用提高到了一个新的水平，随着临床新试验的不断出现以及RCT、Meta分析和系统综述在临床实践中的不断应用，其核心方法逐步完善，研究中所得出的结论也更为可靠，并积极促进了循证医学的兴起与发展。特别是科克伦根据长达20年以上对妊娠和分娩后随访的大样本随机对照试验结果，在进行系统评价研究后，获得了令人信服的证据并向世人揭示了循证医学的实质。这样，一种全新的医学研究新方法——循证医学就诞生了。

1997年萨科特教授在《英国医学杂志》上发表了专论，将循证医学定义为“明确、明智、审慎地应用最佳证据做出临床决策的方法”。2000年，萨科特教授在新版《怎样实践和讲授循证医学》中，再次定义循证医学为“慎重、准确和明智地应用当前所能获得的最好的研究依据，同时结合临床医师的个人专业技能和多年临床经验、考虑病人的价值和愿望，将三者完美地结合来制定出病人的治疗措施”。至此，循证医学正式形成。

目前，循证医学在医学领域已得到广泛的应用。循证医学以事实为依据，以证据为基础，它要求对病人疾病的防治干预必须建立在具有充分科学证据的基础之上，它不但要评价药物或非药物对替代终点的作用，而且要求评价它对预后终点的影响。因此，在医学领域，循证医学就成为科学规范地防治疾病的代名词。

## 4.3 循证医学的意义与价值

循证医学是近年来国内外医学领域倡导的医学研究新方法，它改变了传统的以经验为主的临床医学模式，提倡准确、公正和自觉地应用现在最好的证据为每个病人提供诊疗服务。循证医学诞生前，上述认识只是思辨性的存在，医学实践中还触及不到，它们只是医学的知识论状态。这主要是因为：相对于理化分析，望、闻、问、切不够科学；相对于 Meta 分析，专家意见也不够科学。而循证医学从创新医学的研究方法起步，它不改变医生收集病人症状体征等资料的认识活动，治疗效果的分析评价也改为用比值图、漏斗图、SROA 曲线等，统计数据和分析结果不仅是病态表象的直观和描述，而且还是病人抽象资料和医学状态的诊断依据。虽然它的起始点不在于知识模式的改革，却扎实做到了以人的整体为研究对象，因此，它必然和医学模式的发展紧密联系在一起，也必然会促进医学事业的科学发展。循证医学诞生后，引发了世界医学的重大变革，医学界把循证医学比作医学实践中的人类基因组计划，《纽约时报》将它称为 80 个震荡世界的伟大思想之一，《华盛顿邮报》称之为医学史上又一最杰出的成就，说它将会彻底改变 21 世纪的医学实践模式。但从科学研究的角度讲，它对医学和科学事业的创新与发展却具有更为深刻的现实意义和实用价值。

首先，循证医学是医学科学创新的基础。在医学研究中，临床医生可借用循证医学的方法，利用系统评价和二次摘要来快速、有效地获取所需知识，了解本专业的最新动态，发现目前研究成果中存在的问题与不足，再遵循随机对照的原则，采用更为先进的设备及方法进行临床试验研究，以得出更可靠的科学结论并解决现实中存在的实际问题。

其次，循证医学也是医学科学创新发展的动力。循证医学的本质就是将最新临床研究的成果应用到疾病的诊治当中，并通过诊治结果更好地提高诊治水平。因此，循证医学将促使现有医学的诊治方法不断地向前推进。

再次，循证医学为制定医疗措施和医疗决策提供依据。由于循证方法在医学中的应用有效地减小了医学实践的不确定性，因此，世界卫生组织和许多国家已开始运用循证医学的方法制定医疗措施，并为国家的医疗决策提供依据。与此同时，还将其应用范围扩大到对疾病的预后分析。特别是循证医学以凡事以证据说话、不断更新和后效评价的科学态度，为医学研究者和实践者提供了科学的管理思路和研究方法，因此，它在医学实证性研究中得到广泛应用。

最后，循证医学是具有普适性的科学（循证科学），循证医学不仅适用于医学领域问题的研究，而且其研究问题的思想与方法还具有很强的普适性，因此，对于其他实践性较强的学科就具有了较高的借鉴价值和科学意义。

## 4.4　循证科学的核心思想

循证医学是基于证据的医学，是近年来在世界范围内兴起的一种最权威的医学科学研究方法，它具有采用大范围、多样本、双盲实验来检验药物疗效的特点。其中，大范围就是循证医学研究要收入足量的病例，多样本就是在研究中要收入多相关种类病例。这主要是因为，尽管患者所患的疾病相同，但鉴于个人的自身条件（如年龄、体质等）不同，只有多样本才能保证所研究的药物具有针对性，因此，在研究中要有足够的样本数量。双盲实验就是在研究过程中，特别是试验过程中，医生与研究对象都不知道使用的是哪种药物，最后按编号统计使用药物治后疗效，这样就可最大限度地保证评价药物疗效的客观性。由此可见，循证医学的科学研究方法是评价药物疗效最科学、最公正的方法，它能得出真正值得患者信赖的用药依据。同时也可以看出，循证医学的核心是要求临床医生从更多方面来把握疾病，把握医患关系，其结果是医生和患者形成诊治联盟，使患者获得最好的临床结果和生命质量。因此，循证医学就是负责、明确、明智地利用现有的最好证据来决定不同患者的诊治措施，而循证科学就是基于证据的科学。

在循证医学中，由于任何医疗决策的确定都要基于临床科研所取得的最佳证据，即无论是临床医生确定治疗方案还是专家确定治疗指南，都要依据现有的最佳证据进行，这就要求临床医生具有从事实际工作的熟练程度和判断能力。具备了这种能力，医生就能够对不同病人做出及时、准确、有效的处理。在处理过程中，循证医学提倡将临床医师个人的临床实践经验与客观的科学研究证据结合起来，将最正确的诊断、最安全有效的治疗和最精确的预后估计服务于每位具体患者。因而，临床医生的专业技能与经验、有说服力的临床试验证据和患者的愿望就构成循证医学的核心三要素，这三个核心要素就构成了循证科学的核心思想。若将之转化为普适性的概念，则其本质含义包括以下几个方面。

第一，研究对象要具体化，并具有明确的现实性和针对性。

第二，对研究对象的分析不仅依赖大量的文献分析和系统综述，更要基于可靠的、有效的、具有真实性的最新实际证据，特别是 RCT 的实证性数据是开展循证科学研究所必备的核心要素和必要条件。

第三，明确研究目标，并且研究目标要与预期愿望相一致。

## 4.5 循证科学的应用原则

世界上任何事物都不是永恒不变的，循证科学及其研究方法也是如此。在医学领域，尽管循证医学的思想与方法代表了先进的科学思想与理念，但在现实中，由于新的疾病不断发生，就需要循证医学方法不断地推陈出新，每当有一种治疗方法或药物有了新的循证医学依据时，它就需要改变传统的做法，就需要随着医学的发展而不断地改进和完善。

实际上，在诊治病症的过程中，由于病症具有特殊性和个体差异性，即使是正确的证据，其正确性的可信度也只有95%左右。因此，这就意味着在循证医学研究中，要时刻根据研究对象的具体情况分别对待各种病例，既要引用证据，又要注重个体化处理。一旦发现从循证医学得来的方法对个体对象的治疗不利，就应及时调整治疗方案。为此，在循证科学方法的实际应用中，如何正确应用循证医学的思想与方法来科学地指导医学或其他实践科学就成为一个需要深入思考和认真对待的问题。这是因为，只有正确应用循证医学的科学思维方法，并将循证医学的思维方法灵活、有机地应用于科学研究当中，才能真正促进科学技术的发展并进一步提高解决问题的实际效果。

循证医学的发展历史较短，且仍处于不断的发展和变化之中，因此，从系统科学的角度和实践效果来看，还存在一些不足之处，主要的问题体现在以下两个方面。

首先，作为循证医学的基础研究方法，RCT不仅需要较大的样本量，而且费用较高。由于许多疾病是罕见的，且人类在不断发现新的疾病，这些疾病的诊治就不得不借助经验。然而，即使是大样本量RCT本身也存在一定缺陷，特别是设计缺陷的存在，常常导致得出的结论不具普遍性。若在研究中还存在实施不力的问题，就会使得病人的非依从性明显增加，病人大量失访，影响研究结论的可靠性。鉴于此，研究者在将这些研究结论作为临床治疗策略的依据时，不得不三思而行。

其次，多数Meta分析仅收集了发表的部分资料，它们往往体现的是作者或编辑的主观因素或倾向，即存在出版指向和引导偏倚。不少研究者在发表成果时未能提供系统完整的研究成果，有的研究发表的近期结果和远期结果不一致，导致最终的结果不能被有效使用。有的Meta分析引用了过时的资料，导致得出错误的结论。

由此可见，作为凝练医学实践而形成的循证科学仍需要不断发展、不断向前推进。这就告诫从事实践科学的研究者，若要在实践中采用循证科学的方法去分析和研究问题，还要科学、全面、综合、深刻地去认识循证医学的这些思想和理论，并且在其实际应用中遵循以下几项原则。

**（1）历时性原则**

实践循证医学的第一步是提出需要解答的问题。由于此类问题常常来源于实践，因此就需要研究者紧密结合实际，时刻保持好奇心，善于在实践中通过认真观察发现问题和提出问题，并且在思想上承认自己对一个问题答案的不肯定性和知识的匮乏性，不能主观地认为从书本上学到的知识和已有的实践经验就足以回答和解决所有的实践问题，也不能误以为对一个问题的答案是永恒不变的。要从思想上真正意识到，随着科学研究的进展，新的研究结果常常否定以前的结论，从而使我们对一个问题的认识不断得到升华并不断地接近真实。

**（2）客观性原则**

循证科学的客观性是指必须使用通过有关质量评价的标准来认真分析所获得的最新、最真实可靠且有临床重要应用价值的研究成果，并用这些成果来开展研究和指导医学实践。由于循证医学在其发展过程中要不断寻找最新、最佳证据，因此，它必须以客观事实和科学理论为依据，遵循客观事物发展的规律。在循证科学的实践过程中，这些证据的正确性和可靠性不是绝对的，它将随着科学研究的进展以及人们对研究对象认识的不断提高而逐步完善。因此，在研究中，务必遵循客观性原则进行实例举证，不能单凭主观经验或不够完善的理论知识得出研究结论；否则，很有可能影响研究成果的可靠性和实效性。

（3）动态性原则

循证医学研究方法要求医生不能把患者看成是静态的、孤立的、封闭的，而应把患者看成是动态的、开放的。如人体这个系统，其内部包括系统、器官、组织、细胞和分子在内的各个要素都在一刻不停地运动和变化着，这就要求我们在循证医学实践中，不仅要了解它的过去，还要掌握它的现在，预测它的未来。并且，随着科学技术的不断发展，对研究对象的认识程度也在不断深入，患者本身的疾病和自身状态也在不断地发展变化中，对疾病的干预措施也应不断地改进和完善。因此，基于循证科学的研究过程也应该是一个持续动态的过程。同样，在对其他问题进行研究时，亦应如此。

（4）全面性原则

全面性原则是指研究者在基于循证科学开展实践研究时，要全方位、多角度、多层次、全过程地对问题进行分析与观察，不仅要考察其内部各个事物的关系，而且要考察其与外部事物之间的关系。只有这样，才能全面、系统、正确地认识研究对象。同时，在研究中还要防止和避免循证的片面性和虚假性，注意环境因素对循证的影响；要全面占有实证资料，提高综合思维能力，重视实践经验的积累，不断更新知识，获取最新、最佳的证据来开展循证实践的探索与研究。

（5）个体化整体性原则

在循证医学实践中，常常采用将查寻的最佳证据与病人个体相结合的方法。由于个体与个体之间、疾病与治疗方案之间以及治疗过程中出现的问题都会因人而异，因此，对个体进行基于循证医学的治疗时，都必须从系统整体出发来探索系统内部各要素之间、系统与要素之间以及系统与环境之间的辩证关系，以便寻找最佳的医疗证据，制定最佳的疾病解决措施，获得对疾病机理整体的深刻理解与把握。实践结果充分证明，个体所患疾病对机体系统整体的影响并不是部分机械的简单叠加，而是各个组成部分的有机统一，它们互为因果、相互影响。患者所患疾病是临床认识和实践的主要客体，人体结构和功能的极其复杂性与致病情况的多因素集成性，造成了疾病千差万别的多种表现形式。因此，疾病所具有的复杂性常常表现为同一疾病在不同患者身上表现不同或同一患者同时患有两种以上疾病。一病多型、同病异症、异病同症等多种病态表象层出不穷，给研究者识别问题的本质带来了极大的困惑。所以，利用循证科学开展科学研究时，应遵循个体化整体性原则，从个体化的病人状态出发，认识疾病的局部和整体的性质及其运动变化的规律，明确其因果关系，制定个体化整体性的诊断、治疗干预和评估措施。在治疗过程中，不但要认识问题本身的现象，而且还要查寻致其发生的根本原因及机理，以达到标本兼治的目的。实际上，这一点对其他科学研究也具有较高的指导价值。

**（6）实践性原则**

实践性是指通过实践检验过程得出的研究结果，须将其再次应用于患者的疾病治疗中，并进行最真实的实际检验。从系统论和实践论的角度来看，它是绝对性与相对性的统一，是实践是检验真理唯一标准的最好诠释。这个原则的执行程序是：医生—证据—患者—结果评估—医生。通过这个程序可以看出，只有通过患者实际疗效的证明以及不断的实践和效果评价，才能使医生对疾病的认识和治疗更趋于客观实际，也才能有效解决实际问题。因此，实践性原则就是实践—认识—再实践—再认识哲学思想在循证科学中的具体体现。

当前，循证医学正以其独特的优势在医学领域得以广泛应用并占据了主导地位，许多过去没能得到有效解决的问题也在这一方法的指导下取得了新的研究进展和成果。很显然，医学研究产出医学知识，其最终目的就在于运用。科学的价值形成之后，就要以各种方式被各类社会实践主体所接受和应用，使其价值由潜在状态向现实状态转化。因此，循证医学就要求医学工作者既重视个人临床经验，又强调采用现有的、最好的研究依据并从患者实际需求出发来诊治疾病。在诊治中应将临床研究证据与临床实践（临床经验、临床决策）以及患者价值观（关注、期望、需求）结合起来，运用最新、最有力的科研信息，采用最适宜的诊断方法、最精确的预后估计和最安全有效的治疗方法来治疗病人，而不能循规蹈矩。同时，在寻求举证的过程中，还要将证据分级，推荐的证据要不断地与时俱进，不断更新，以提高医疗服务的质量和水平。从这些要求中可以看出，证据分级、推荐有级别就成为循证科学中实例举证的关键，而基于实际问题开展研究、参考当前最好的证据进行决策、关注实践的效果和止于至善就成为指导循证理论应用的基本原则。

## 4.6　循证科学的实例举证

遵循实例举证或证据举证是循证科学的本质所在。在医学中，实例举证或证据举证都归于循证举证，都是针对患者提出的疾病问题，全面搜集有关医疗证据；然后，通过严格的评价来保障研究证据的质量，将得到的最佳研究证据用于指导治疗患者疾病；最后，通过对治疗效果进行追踪和再评估，进一步确证治疗的效果。由此可见，证据及证据的质量是循证医学及制订医治方案的关键。

在循证医学研究中，证据一般是通过对现有的、最好的各种文献资源、各种数据资源和事实资源进行检索获得的。一般有说服力的研究证据多来自临床实践所得出的真实可信的结论，这些结论可使得已有的临床诊疗措施更加真实、有效和安全。但鉴于临床实践数据的有限性，目前，在循证医学中，为了获取实例举证，1993 年国际上专门成立了 Cochrane 协作网，以广泛收集临床随机对照试验（RCT）的研究结果。在严格的质量评价基础上，再进行系统综述（SR）和 Meta 分析，将有价值的研究结果推荐给临床医生以及相关专业的实践者，以帮助他们实践循证医学。同时，为了让不同语言的研究人员之间进行信息获取和交流，通过国际协作来实现资源的共享，国际 Cochrane 协作网与许多国家建立了以互联网为基础的用户支持网络和一套行之有效的证据生成与传播机制，以促进用户的全面参与。计算机网络技术的成熟与发展，更为实现这一目标提供了极大的方便和强有力的技术支持，并促进了循证医学实践中证据的及时获取和充分利用。因此，现代医学认为，最为可信的医学证据主要来自国际公认的大规模 RCT 研究以及对 RCT 进行的系统评价和 Meta 分析，并高度认可和评价这些成果。

在医学循证举证中，为了鉴别那些浩如烟海的医学文献所具有的医学举证效力，循证医学就将举证实例按举证质量的高低划分为不同等级，如美国预防医学工作组（U.S. Preventive Services Task Force）将医学举证分为 1~5 五个等级，英国国家医疗保健服务部（National Health Service）将医学举证分为 A、B、C、D 四个等级。但不论等级如何划分，总的来说，指导医学决策的证据质量主要是由临床数据的质量以及这些数据的临床导向性综合价值确定的。尽管不同证据分级系统所确定的等级之间有些差异，但其目的是完全相同的，都是为了使医学研究者明确哪些举证更具有实效性且更为可靠。

## 4.7 循证医学的科学研究方法

按照循证医学的基本思想和举证方法，为了保证临床医疗决策的科学性，循证医学研究方法将解决问题的过程分为三个阶段：发现问题阶段、分析问题阶段和解决问题阶段。

在发现问题阶段，主要任务是准确发现和认识临床中所面临的具体问题，了解解决这些问题所需的信息资源、患者的病情、可供的治疗方案、治疗成本所对应的效果等具体情况。

在分析问题阶段，要重视医疗证据的最新进展，及时获取医疗效果信息，并且要确认治疗所用的医学文献和信息是最新、最充分的，确认医疗证据是科学、有效、实用的，评价医疗证据的过程是严格可靠的。

到了解决问题阶段，在确定治疗方案后，结合运用目前最好的医疗工具来解决疾病问题，并同步开展治疗效果评价。在治疗过程中，通过效果预测、验证和系统评价，给患者提供最好的治疗。其中，系统评价是循证医学研究工作的基础，通过系统评价可以及时完成病因和危险因素判定、治疗手段的有效性分析、病人费用和效益分析等工作。基于评价结果，并在全面搜集所有相关临床试验研究结果的基础上，通过全面、系统、科学的研究，筛选出合格的研究方案，继而对合格的研究方案进行综合分析和统计学处理，形成较单个研究更为可靠的研究结果。最后把研究结果以严谨、简明的形式予以公布，用于指导今后类似病例的临床决策。

由上可知，循证医学的科学研究方法包括以下几个方面。

**（1）确定需要解决的问题**

对问题进行研究前，应预先对需要解决的问题进行精确描述，包括人群类型、治疗手段或暴露因素的种类、预期结果等，并科学合理地选择出相应的分析指标。在确定分析指标时，要充分利用研究者本人的专业理论知识和实践经验进行科学、合理、慎重的指标选择；否则，极易导致研究结果的失向性和偏差性。

**（2）开展相关文献检索**

在开展研究工作前，必须尽可能地检索到所有相关临床研究资料，避免遗漏有价值的文献，导致研究方向偏倚。同时，文献检索的全面性也是今后开展系统评价与一般文献综述的重要依据。但文献综述多是对他人研究文献的阐述，其中包含较多综述者的主观判断，所述内容可能缺乏客观性和说服力。在基于系统评价的文献检索与分析中，需要特别重视四个方面的问题：一是检索工作要及时全面，避免遗漏最新的研究成果；二是要注意检索途径，保证所获取的文献资料具有很高的可靠性；三是检索内容要具有针对性，避免相近问题的偏引和误导；

四是进行检索前要明确各种问题的标准医学主题词，在此基础上对每一个主题词进行检索，并以逻辑或对结果进行合并，以得出科学的检索结果。

在文献检索中，必须关注两类文献：一是已有的系统评价文献。参考和借鉴此类文献可以减轻研究者的负担，同时可利用已完成系统评价的长处。此类文献一般有三种类型，即学术性综述、教育性综述和 Meta 分析。二是指导类文献。这类文献一般都由本专业学术会议编制，以系统评价作为依据，并且经过专家讨论后集体修订，因此具有一定的权威性。

**（3）完成基础准备工作**

大量的研究成果已证明，对某一对象进行评价和研究之前先解决以下问题，可以帮助研究者提高循证科学研究的质量：

第一，研究的试验设计对象是否具体，研究人群、治疗手段和结果判定方法是否科学正确。

第二，试验对象是否实现了随机分组。

第三，病人的随访率是否达到理想效果，每组病人的数量及实验数据是否经过统计分析。

第四，受试对象、研究人员及其他研究参与者是否在研究过程中遵循了盲法原则。

第五，各组病人的年龄、性别、职业等是否存在相似问题。

第六，除进行研究的治疗手段不同外，其他治疗方法是否一致。

第七，治疗作用的大小是否有了可靠的检验方法。

第八，治疗效果的评价结果是否可以得到有效的保障。

第九，试验结果是否适用于诊治对象，种族差异是否会影响试验结果。

第十，今后的研究结果是否描述了所有同样的治疗结果。

第十一，治疗取得的效益是否超过了治疗的危险性和费用。

若要确保系统分析的有效性及研究结果的可靠性和可信性，循证医学研究者和系统评价者就需要对上述工作内容进行判断，不满足要求的文献和资料应予以剔除或区别对待。

**（4）进行大样本数据收集**

在开展研究前，研究者还应设计一个适合本研究的数据收集表格。表格中应包括分组情况、每组样本数和研究效应的测量指标。根据研究目的不同，测量指标可以是率差、比数、相对危险度等参数或分值。当各研究测量指标与诊断结果不一致时，应在这些指标完成量化、同向化和标准化转化的基础上，对相关数据进行对比和核定，以便及时发现其中的无效数据或失效数据，为后期研究的实例举证提供保障。

**（5）开展数据分析与研究**

如前所述，在循证医学的研究过程中，对有关数据进行定量统计和分析的方法称为 Meta 分析。通过 Meta 分析可以达到以下目的：一是提高统计检验效能；二是保证评价结果的一致性，以便于解决单个研究对象之间的矛盾；三是改进对作用效应的估计；四是解决以往单个研究未明确的新问题。

依据循证医学理论可知，Meta 分析旨在完成研究对象数据一致性检验和结果合并的基础工作。在 Meta 分析中，只有当同一问题的各个不同数据分析结果间具有一致性时，其合并的结果才能被认为是真实有效的；否则，合并结果是不能被接受的。目前，有代表性的数据合并方法有固定效应模型和随机效应模型。这两种方法适用于多个同一类型的临床试验研究数据合并。事实上，临床上许多问题存在多种类型的临床试验研究，而同种类型的大样本临床研究可能很少。在这种情况下，当出现不适合应用上述两种数学模型进行数据合并的情况时，最简便、最常用的数据合并方法就是投票法。但是，对于不同类型的研究，投票法的作用效力有很大的不同。因此，运用投票法进行数据分析时，应严格区分所有文献的不同等级。如进行治疗效果评价时，可按照高质量RCT研究、队列研究和低质量RCT研究三个不同等级进行分类。各项研究应在各自的等级内进行投票，投票得出的结论作为不同级别的临床证据。投票法客观地评价了各种试验的研究意义，因此，这种方法已成为系统评价时数据分析的一种重要手段，被广泛应用于循证医学中。

（6）诠释研究结果

在解释数据分析结果时，系统评价者应力求客观，避免主观推测。在此过程中，系统评价者需要注意避免两个主观性错误：一是把没有证据表明有效的治疗手段解释为无效；二是在结论中掺杂个人意见，擅自得出超出举证范围的结论。实事求是的解释和结论应当是依据举证、遵循客观事实的结果。

在研究结论的讨论和阐述部分，研究者应帮助读者正确理解研究结论与临床实践的关系，明确指出各种证据指导临床实践作用的大小。当研究结果不足以指导临床实践时，研究者应阐明如何进行进一步的深入研究，而不是含糊地表达为仍要进一步研究。

## 4.8 循证科学给工程项目管理带来的启发

通过对循证医学研究方法的分析可知，循证医学的本质就是医生对病人的诊治方案要建立在大量实证例据和科学依据的基础之上，在结合自身经验的同时，更要结合病人这个个体的特殊情况，并在不断了解和掌握治疗实况和新知识的前提下去更有效地解决所面临的实际问题。因此，循证方法就是一种在明确具体病因的前提下，运用新的知识，在了解和掌握大量实证病例并以之为基础的情况下，为病人提出一种紧密结合实际并最有可能获得最佳效果的治疗方法。

按照循证医学研究病症和诊治病症的这一思想即可得知，遵循客观事实是循证思想及其研究方法的本质所在，它通过对研究对象大量实证性信息和数据的收集、举证、分级和分析，对具体个例进行有针对性的研究、推证和验证，因而得出的结论就更接近事实，所提出的解决方法也就更具有有效性。由此可以看出，这一研究思想和方法不仅具有较强的针对性和实用性，其结果也比引用性和思辨性思维所构建的研究思路与方法以及提出的对策和得出的研究结果更具有可信性和可靠性。更重要的是，循证科学的研究方法有效地解决了医学中很多医治效果不佳的问题，因而很快就成为一种有效解决医学研究领域实践性问题的新方法。

在对循证科学及其理论有了上述认识并建立起这一思维意识的情态下，若反观当前工程项目管理领域中若干实证性问题的研究结果未能有效解决工程实际问题这一现实，或许就会发现，尽管导致这一问题的原因有多个方面，但与研究者在研究中不能深入联系实际并了解研究对象的本质、缺乏足量的与研究对象紧密相关的实证性研究样本作为研究的实证性依据不无关系。从科学研究的角度讲，尽管相关文献的检索和引用在研究中是非常必要的，但目前大量的研究成果中不可忽视的一个本质性问题却是，许多研究者在拥有海量知识信息以及现代化检索手段的同时，面对具体的实践性问题却苦于缺乏可靠的研究资料。若研究者在其研究中再受到其他条件的限制，无法获取更多的真实性相关实证资料，就可能直接导致研究者只能通过文献索引和参阅进行一些引用性和思辨性探讨。这就反映了这样一个现实：虽然有大量的相关参考文献，但很多文献只是前期文献的文字修改版本，并没有融入更多的实质性内容，因此，依旧无法从中提取到有价值的信息和资料。这一点从当前大量相似度极高的研究文献中即可得到有力的验证。

更为重要的是，如果研究者在参阅文献的同时，仅在概知文献的研究结论符合自己研究所需的情况下进行直接转摘，而对著者在其文献中所述思想精髓与研究结论的本质含义却没有深刻的理解和领会，没有对前人研究问题的前提条件进行认真的分析和探讨，那么，这种研究文献在他人的研究中极易引起误导，并有可能对科学研究的正确发展带来极为不利的影响，而这正是在循证科学研究中要极力避免的问题。因此，在不与工程项目管理科学研究自身所具有的特点相冲突的前提下，积极汲取循证科学研究中的思想精髓，就成为工程项目管理中研究实证性问题的一个新思路。在此，依照循证科学解决问题的方法，其普适性的参考程序可确定如下。

第一，选择研究对象，提出问题。

第二，确定研究价值。通过文献检索，了解研究现状，判定提出的问题是否值得深入研究。在文献检索中要注意文献信息来源的等级、创新点及其学术水平，要确保作为研究证据的信息具有权威性和可靠性，要排除无价值文献的干扰和误导，要对所获取的文献进行甄别评价后再使用。

第三，依据文献分析结果，确定具体研究内容，明确具体研究对象。

第四，收集实证性资料。针对研究的具体问题进行实际调查，为研究提供实证性证据。在调查前，要明确调查的主要内容、调查方式方法和调查依据，确定调查样本数量，制定满足调查要求的调查表。要预先考虑如何在调查中避免测量偏倚，保障调查数据的真实性、可靠性和有效性。

第五，对调查结果进行证据评价。在确保调查样本满足研究数量和有效性的基础上，进行样本统计分析，并对统计分析结果进行必要的一致性检验。

第六，基于统计分析结果，结合研究目的，开展必要的相关性分析、聚类分析、回归分析、多因素分析与处理等工作。

第七，根据分析结果，发现发生问题的机理。

第八，制定相应的对策并分析对策的可行性。

第九，进行实证性检验，分析对策在工程实际中的应用效果。

第十，根据应用效果，对研究结果进行修正和完善，提出更为全面有效地解决问题的新方法，并对研究成果进行详细的阐述和说明。

从解决工程实际问题的角度来看，循证科学的研究方法可以说是一种能够有效解决具有较强实践性的问题的实证性研究方法。然而，这一研究方法尽管在医学领域已较为成熟，但在工程项目管理领域还是一个全新和陌生的理念。其研究思想与方法在实证性研究方面体现出了优越性，这对于具有较强实践性的工程项目管理学科来讲，具有很高的借鉴价值。

同时，循证科学研究方法作为一种科学研究的基本范式，不仅强调了对研究对象的分析必须建立在与工程实际紧密结合的基础之上，而且要求所得出的研究结论在同一条件下具有可证性。这意味着，基于循证科学的实证性研究方法将使研究者在研究那些与工程实际紧密相关的问题时，需要将目光更多地从理论转向实践，从书本转向现实，并更加关注工程项目管理中的实际问题，进而可以使得工程项目管理理论能够更好、更有效地为工程实践服务。因此，从这一点来看，采用基于循证科学的工程项目实证性研究方法就有可能帮助研究者有效解决更多的工程实际问题，并且这种研究范式的普遍推广和实际应用将可能成为工程项目管理领域一种真正意义上的科学进步。

# 5

## 创新案例之二

## ——基于倍效理论的工程质量管理新方法

工程质量问题始终是工程项目管理方面的永恒议题，其原因主要还是工程项目在其实施过程中经常受到来自项目内外各种因素的影响，这些影响因素使得工程项目具有了偏离预定质量目标的倾向性。如果这种倾向性累积到一定程度并超越了工程项目管理者的管控能力，那么工程质量就有可能出现若干不可预测的问题。

住宅工程是最为普通、最为常见的工程项目。近些年来，随着我国国民经济的快速发展和人民生活水平的不断提高，我国开展了大规模住宅工程建设。从住宅工程质量的角度来看，人们对住宅的质量要求已不再局限于居住面积的大小和住宅内部设备设施的完善，而是更注重住宅内外居住环境的舒适度，尤其对住宅环境质量、所用材料、周围基础设施等多个方面提出了更高的要求。然而，就现实情况来看，尽管近几年来国家和各级政府十分重视住宅工程质量，并且随着我国经济建设的快速发展，对住宅工程的建设程序、技术标准、法律法规、队伍建设、组织管理、材料检验、质量监察等诸多方面进行了一系列的改进和完善，使住宅工程质量稳中有升，但受各种不利因素的干扰和影响，住宅工程建设质量状况不尽如人意。特别是一些商品房和保障房工程，工程质量监管松懈，开发商急功近利，许多规章制度得不到有效落实，出现了“楼歪歪、楼倒倒、楼脆脆、楼薄薄”等非常严重的工程质量问题。这些问题的发生不仅给企业带来一定的经济损失，更给国家和人民群众的生命财产带来重大的损失，并造成了严重的不良社会影响。

住宅工程的质量问题始终是百姓十分关注的重点问题，它直接关系到居住者的切身利益，关系到人民群众的安居乐业，关系到社会的稳定和和谐社会的构建。鉴于此，作为从事工程项目管理的研究者，对这一问题的关心和重视也就成为必然。而如何发现这些问题的根源并提出有针对性的工程质量管理新方法也就成为工程项目管理中需要研究和解决的一个重要现实问题。

## 5.1 我国住宅工程质量的总体现状

按照循证研究所提出的方法，若要有效解决工程项目中的质量问题，首先就必须获得大量的、来自工程实际的、能充分有效地反映工程实际问题的信息和数据。但问题是，在获取此类信息方面，我国至今还没有像循证管理中专门为循证研究而建立的 Cochrane 协作网数据库，这就给专门获取此类信息和数据带来一定的不便。在实际中，常常通过调研的方式来获取此类相关信息。就调查方法而言，本书上一章已就如何基于循证科学开展实证性研究进行了详细的论述，故在此就调查结果直接展开分析和论述。

**（1）住宅工程质量的检查结果**

众所周知，中华人民共和国住房和城乡建设部（以下简称“住建部”）是专门管理我国工程建设及其相关工作的最高权力机关，也是制定工程建设指导方针和相关政策的主管部门，住建部发出的通报不仅具有权威性，而且具有真实性和可靠性。因此，为了确保研究成果的真实性和有效性，首先就将住建部定为获取调查有效证据的首选对象和渠道。

根据住建部《全国建设工程质量监督执法检查分析报告》和全国稽查办近三年的住宅工程专案调查报告以及房地产司的有关住宅方面的统计分析报告得知，住建部近年来已通过多次全国性的大检查，对我国 80 个城市（包括 4 个直辖市、27 个省会城市、27 个地级市和 23 个县级市）的 117 个住宅样本、33 件住宅工程专案进行了调查与分析，受检面积累计已达 400 万平方米。根据检查后的统计结果可以得知，在被检查的 117 个住宅项目中，综合质量评价为“好”的有 57 个项目，占 49%；综合质量评价为“中”的有 45 个项目，占 38%；综合质量评价为“差”的有 15 个项目，占 13%。在住宅工程勘察质量方面，117 个住宅项目中被评价为“ 好”的有 57 个项目，占 49%；被评价为“中”的有 53 个项目，占 45%；被评价为“差”的有 7 个项目，占 6%。在住宅工程设计质量方面，117 个住宅项目中只有 1 个项目被评价为“差”，被评价为“好”的有 72 个项目。在住宅工程施工质量方面，被评价为“好”的只有 33 个项目。这 117 个住宅项目工程综合质量评价结果以及相应的勘察、设计、施工质量评价结果统计如表 5.1 所示。

**表 5.1　住宅工程质量评价结果统计**

| 评价结论 | 综合质量评价 | | | 勘察质量评价 | | | 设计质量评价 | | | 施工质量评价 | | |
|---|---|---|---|---|---|---|---|---|---|---|---|---|
| | 好 | 中 | 差 | 好 | 中 | 差 | 好 | 中 | 差 | 好 | 中 | 差 |
| 项目数量 | 57 | 45 | 15 | 57 | 53 | 7 | 72 | 44 | 1 | 33 | 76 | 8 |
| 所占比例 | 49% | 38% | 13% | 49% | 45% | 6% | 61% | 38% | 1% | 28% | 65% | 7% |

**（2）各地区住宅工程质量的总体状况**

由于住建部对全国住宅工程质量检查的范围较大，为了便于开展检查工作，在检查中就结合我国的地区分布特点，将检查范围划分为六个地区，即华北、华东、东北、中南、西南和西北。其中，华北地区包括山西、天津、北京、内蒙古和河北，华东地区包括山东、江西、福建、安徽、浙江、江苏和上海，东北地区包括黑龙江、吉林和辽宁，中南地区包括河南、湖南、湖北、广东、广西和海南，西南地区包括重庆、贵州、云南和四川，西北地区包括陕西、甘肃、宁夏、新疆和青海。从检查结果来看，中南地区抽查的住宅工程最多，共 33 个项目，综合评价为好的有 15 个项目。华东地区抽查了 30 个住宅工程，有 20 个综合评价为“好”，整体质量较好。而东北地区抽查的住宅工程较少，但质量较高，没有综合评价为“差”的工程。华北地区抽查的住宅质量工程较多，20 个项目中被评价为“好”的占到 65%，被评价为“差”的占到 25%，只有 10% 评价为“中”，说明华北地区住宅工程质量的两极分化严重，各地区之间发展很不平衡。但总体来看，华北、华东被评价为“好”的比例较高，华北、西南被评价为“差”的比例较高。我国各地区住宅工程质量评价结果统计如表 5.2 所示。

表 5.2 我国各地区住宅工程质量评价结果统计

| 评价结论 | 综合评价 | | | 勘察评价 | | | 设计评价 | | | 施工评价 | | |
|---|---|---|---|---|---|---|---|---|---|---|---|---|
| | 好 | 中 | 差 | 好 | 中 | 差 | 好 | 中 | 差 | 好 | 中 | 差 |
| 华北 | 13 | 2 | 5 | 13 | 5 | 2 | 15 | 5 | 0 | 9 | 8 | 3 |
| 华东 | 20 | 7 | 3 | 22 | 7 | 1 | 17 | 13 | 0 | 8 | 21 | 1 |
| 东北 | 2 | 7 | 0 | 2 | 7 | 0 | 7 | 2 | 0 | 1 | 8 | 0 |
| 中南 | 15 | 15 | 3 | 15 | 17 | 1 | 15 | 18 | 0 | 11 | 22 | 0 |
| 西南 | 5 | 7 | 3 | 2 | 13 | 0 | 13 | 2 | 0 | 1 | 10 | 4 |
| 西北 | 2 | 7 | 1 | 3 | 4 | 3 | 5 | 4 | 1 | 3 | 7 | 0 |
| 合计 | 57 | 45 | 15 | 57 | 53 | 7 | 72 | 44 | 1 | 33 | 76 | 8 |

**（3）住宅工程质量方面存在的问题**

根据住建部近几年来对我国住宅工程质量检查结果的统计分析报告可知，尽管我国近几年来的住宅工程质量总体上有了较大的提高，但依旧存在着大量的问题。这些问题中既有建筑工程项目普遍性的质量通病问题，又有住宅工程方面独有的个性问题，尤其是以下问题较为突出。

第一，部分住宅工程过于注重外表的美观和华丽，而对于住宅质量和性能的提高不愿意有更多的投入。特别是开发商，为了更好地销售住宅，往往以漂亮的水景、雕塑、大面积的草地为出发点来吸引消费者，而对于住宅工程所使用的主体材料的质量以及主体的抗震性能、抗风性能等重视不够；对于工程质量，也仅限于满足国家强制性规范，不积极主动地鼓励施工企业建造优质工程。

第二，住宅工程基本上是以农民工组成的基础单元为施工主体，因此，对住宅工程质量的控制和管理常常仅处于国家有关规范规定的合格状态，砂浆强度不足、梁板裂缝和渗漏、局部抗震性能不足、钢筋保护层厚度不足、钢筋间距误差大等结构方面的住宅质量通病仍然存在。

第三，梁、板、墙裂缝依然存在。随着房屋建筑中对多孔板的全面禁用，住宅现浇钢筋混凝土楼板无疑以其独特的优越性在提高建筑结构的整体性、抗震性、抗渗漏等方面发挥了重要的作用。但由于施工单位抢进度现象较为普遍，在浇制混凝土楼板时没有达到足够强度前就上人操作和堆积重载，使其产生了过大的变形，加之不能保证浇水养护次数，故经常导致属于主体结构件的混凝土楼板出现不同程度的裂缝。这一问题带有一定的普遍性，特别是在高层住宅楼中，这种问题出现得更多。

第四，外墙粉刷层开裂，楼板水泥砂浆层空鼓或疏松，室内地面空鼓、地面起砂、内墙和顶棚出现大面积空鼓或脱落等质量问题依然存在。

第五，一层地面或基础有下沉现象。

第六，工程材料问题较多，室内异味严重。这一问题的普遍性相当大，问题也最为突出。

第七，管道、下水道堵塞或不畅通。

第八，电话、闭路、网络、通话器、楼道开关或电气线路漏电或不通。

第九，小区道路损坏、垃圾道堵塞、雨水井堵塞、路灯不亮等公共设施问题较多。

第十，屋面、地下室、厨房、卫生间、外墙、门窗等处的雨水渗漏问题经常发生。

第十一，住宅部品部件质量低劣，如卫生间和厨房水阀管件质量差，电气插座质量差，门窗变形、缝隙不严，雨水管件漏水，门窗锁件易坏，等等。

第十二，住宅内部装修质量问题种类繁多，问题突出。

近几年来，居民对住宅室内装修和配套设备设施的质量投诉数量逐年增长，反映的状况主要是住户在居住进去之后，逐渐感到极度的不适。针对这些问题，有关专业部门通过实际检测后发现，虽然住宅工程采用的装饰材料中有害物质含量都符合我国制定的限量标准要求，但对其室内空气质量的检测结果却远远超过了控制范围的限量。经分析，主要有三个方面的原因：一是能释放有害物质的装饰装修材料用量比较多，虽然单个材料质检合格，但所有材料累计起来所产生的污染就必然会超标；二是室内的通风换气量不足；三是施工时对某些能释放有害物质的材料应采取封闭处理措施没有做到位。这就使得居住者对工程质量产生了质疑。

与此同时，更为重要的一个问题是，通过对近几年来我国住宅工程中出现问题的汇总和分析后发现，若与我国 2000 年以前住宅工程中质量问题的有关历史数据相对比，近些年来，住宅工程中出现的质量问题总量并未下降反而还有所上升，这不能不引起工程项目管理者和决策者的高度重视。究其原因，实质上，这一问题主要源于我国住宅工程规模总量的不断扩大，即虽然随着科学技术水平的提高，工程项目管理水平有了很大的提高，单体工程的工程质量问题数量在下降，但由于建设规模总量基数的增加，工程中出现的质量问题数量依然非常巨大。同时，这一问题与消费者维权意识的增强以及对生活品质要求的提高也有直接的关系。

总之，通过对我国近年来住宅工程质量的调查和统计分析可以得知，住宅工程中的质量问题不仅在数量与种类上发生了变化，而且随着时代的发展也融入了新的内容；人们对住宅质量的要求也不仅限于安全和可靠，更逐步向追求健康的居住环境和生活环境过渡，特别是那些能够满足视觉和精神需求的公共设施、绿化环境已经成为人们住宅质量理念中的重要组成部分。同时，通过对这些调查结果的分析，可以初步了解和掌握我国当前住宅工程中所出现质量问题的新情况、新特点和新趋向，这为研究者进行更为深入的分析和研究并探索有效解决这些问题的途径奠定了基础，提供了充分的实证性依据。

## 5.2 住宅工程质量问题的调查结果统计与质量问题分类

通过对我国近年来住宅工程质量问题的调查与分析，尽管可以初步了解和掌握我国目前住宅工程质量问题的总体概况，但更需要分析和思考的问题是导致这些问题的原因有哪些，影响因素有哪些，形成这些问题的机理是什么，等等。这些问题涉及工程质量问题的根源与实质，因此，只有在全面、深入地了解和掌握这些问题之后，才有可能以此为依据，制定出有效解决住宅工程质量问题的方法。

### （1）调查结果统计

在对我国住宅工程质量现状进行调查的过程中，为了以循证科学为指导，遵循大样本实例举证原则并获取满足这一研究的足量数据，研究者不仅调查和收集了有关我国住宅工程质量方面的信息和数据，还调查和收集了那些能够详细反映我国住宅工程质量状况的具体问题。这些具体问题有的来自工程现场实际检测的详细记录，有的来自住建部在工程质量大检查后汇总和统计的权威性分析报告。通过对这些问题的汇总，可以初步得出这些问题的具体名称和反映这些问题的频次（如表 5.3 所示）。各种质量问题数量对比如图 5.1 所示。

表 5.3 我国近年来住宅工程质量问题及反映频次统计

| 序号 | 问题描述 | 反映频次累计 |
|---|---|---|
| 1 | 墙面、地面、屋面等处出现裂缝 | 17 712 |
| 2 | 屋面、外墙、卫生间或厨房地面漏水 | 15 545 |
| 3 | 阳台栏板与墙体脱开、有裂缝或阳台板根部断裂 | 4 314 |
| 4 | 供水供暖煤气管道、阀门或配件质量不合格 | 3 051 |
| 5 | 供水供暖煤气管道或设施堵塞或漏水、漏气 | 5 320 |
| 6 | 外墙、室内抹灰层脱落、出现裂缝或粉刷层起皮 | 2 732 |
| 7 | 电视、电话、网络、对讲、报警等电气线路故障 | 11 817 |
| 8 | 电气线路漏电或不通 | 3 451 |
| 9 | 门窗损坏、松动、变形、开关不灵 | 8 753 |

续表

| 序号 | 问题描述 | 反映频次累计 |
|---|---|---|
| 10 | 门窗气密性差，水密性差 | 5 004 |
| 11 | 门窗、隔墙、楼板隔音防噪性能差 | 8 783 |
| 12 | 墙体、门窗保温隔热效果差 | 7 001 |
| 13 | 室内空气污染物超标，异味严重 | 14 787 |
| 14 | 阳台、厨房、卫生间地面坡度不当，污水倒流或雨水倒灌 | 3 247 |
| 15 | 地面、墙面、卫生间或厨房墙面瓷砖空鼓 | 2 073 |
| 16 | 地下室底板或外墙渗水 | 1 007 |
| 17 | 墙面、地面返潮、长霉斑 | 523 |
| 18 | 地面或墙面面砖脱落 | 3 215 |
| 19 | 烟道串气或不通，垃圾道、通气孔堵塞 | 1 253 |
| 20 | 楼板挠度过大，影响美观 | 129 |
| 21 | 室内设备设施安装不牢固 | 154 |
| 22 | 工程主体和装潢中使用劣质建材 | 13 432 |
| 23 | 卫生间返臭 | 1 321 |
| 24 | 电视、电话、网络、通信等信号不好 | 3 787 |
| 25 | 室内外没有预留合理的设备安装位置 | 287 |
| 26 | 楼房电梯运行不正常 | 1 742 |
| 27 | 日照时间不足 | 183 |
| 28 | 室外道路、照明、井盖、雨水管道、下水管道等公共设施损坏 | 5 024 |

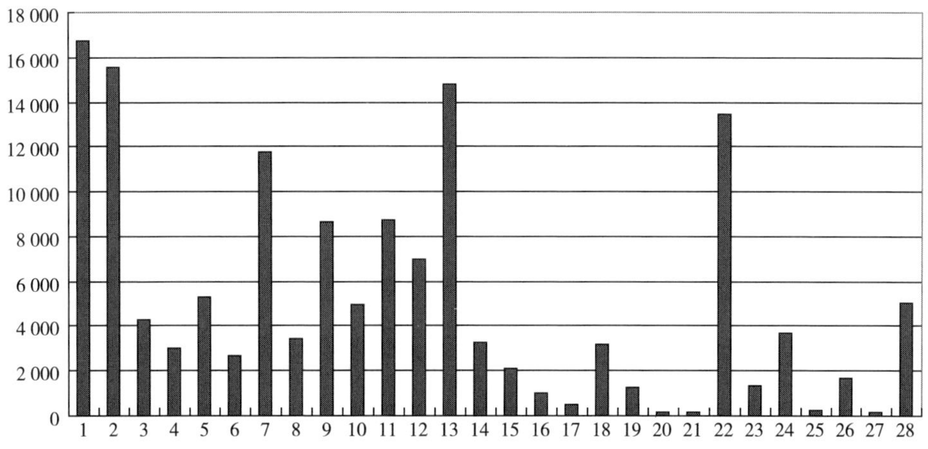


图 5.1　各种质量问题数量对比分析

（2）质量问题分类

通过对调查结果的初步统计可以得知，目前我国住宅工程质量方面存在的具体问题约有 28 种，这 28 种从不同方面反映了住宅工程中不同方面存在的主要问题。为了便于对这些问题进行更为深入的研究，了解与掌握我国近年来住宅工程质量方面的具体情况，还需要对之进行分类分析。

目前，分类的方法有很多种，既可以依据问题的原因进行分类，也可以从问题的表象方面分类，还可以从问题的性质以及属性等方面进行分类。为了便于分析问题的原因，本研究拟从这些问题的属性方面进行分类分析。从表 5.3 中可以看出，若从问题的属性方面来看，这些问题从总体上可以分为以下 11 类。

第一，结构类问题，如屋面或墙体出现裂缝、阳台板出现裂缝等。

第二，给排水、采暖方面的问题，如管道或设施堵塞或漏水漏气、污水倒流等。

第三，电气方面的问题，如线路漏电或不通等电气线路故障。

第四，装饰方面的问题，如抹灰层脱落或粉刷层起皮、瓷砖空鼓、楼板挠度变形过大等。

第五，部件质量问题，如门窗损坏、松动、变形、开关不灵等。

第六，设备设施问题，如管道、阀门或配件质量不合格等。

第七，功能方面问题，如门窗气密性差、水密性差、隔音防噪性能差、保温隔热效果差、信号不好等。

第八，施工管理问题，如垃圾道、通气孔堵塞等。

第九，建材类问题，如使用劣质建材，室内空气污染物超标，异味严重等。

第十，公共设施类问题，如电梯、室外道路、照明、下水管道等公共设施损坏等。

第十一，综合性问题，如地下室渗水、屋面漏雨、卫生间地面渗漏等。

## 5.3 质量问题原因的调查与分析

针对表 5.3 中的住宅工程质量问题，为了究其根源并在分析中尽可能避免因研究者在研究中融入过多的个人倾向和主观臆断而影响研究结果的正确性和客观性，在制订调查计划时，就已考虑到了应在被调查者反映住宅工程中出现的质量问题时，尽可能获得被调查者对这一问题产生原因的个人看法和认识。这些被调查者，有的是专门从事质检工作的工程质量检测专家，有的是住建部专门从事工程质量管理的人员，还有的是工程一线的工程项目管理人员、施工人员、监理人员、材料供应人员、工程设计人员以及少量的工程预结算人员。因此，这就为分析和研究以及提高研究结果的可信度奠定了坚实的基础，创造了有利的客观条件。在将调查结果进行汇总后，与表 5.3 中的具体问题相对应，住宅工程各种质量问题的判断结果如表 5.4 所示。

**表 5.4　我国近年来住宅工程中出现的具体质量问题及被调查者的观点**

| 序号 | 具体质量问题 | 被调查者的观点 |
|---|---|---|
| 1 | 墙面、地面、屋面等处出现裂缝 | 地基沉降不均，板墙自身强度不足，<br>施工工艺错误，施工方法不当，<br>设计考虑不周，施工管理失控，<br>楼板负荷超载，住户装修破坏，<br>基层处理不好，建材不合格，<br>材料自身收缩，后期缺乏养护 |
| 2 | 屋面、外墙、卫生间或厨房地面渗漏 | 结构层有裂缝，防水层被损坏，<br>材料选用不当，住户装修破坏，<br>防水材料劣质，施工工艺错误，<br>施工方法不当，构造设计错误，<br>施工管理不严，施工环境不好，<br>构造处理不好，施工工序漏缺，<br>乱改水暖管线，设备设施失效 |
| 3 | 阳台栏板与墙体脱开、有裂缝或阳台板根部断裂 | 构造处理不好，楼板负荷超载，<br>施工管理不善，设计计算错误 |
| 4 | 供水供暖煤气管道、阀门或配件质量不合格 | 材料自身原因，施工管理不善，<br>住户装修破坏，材料选用不当 |

续表

| 序号 | 具体质量问题 | 被调查者的观点 |
|---|---|---|
| 5 | 供水供暖煤气管道或设施堵塞或漏水、漏气 | 建材不合格，住户使用不当，住户装修破坏，施工管理不善 |
| 6 | 外墙、室内抹灰层脱落、出现裂缝或粉刷层起皮 | 施工工序错误，基层处理不好，后期养护不好，选用材料不当，受到外部震动，结构基层变形，冬季施工受冻 |
| 7 | 电视、电话、网络、对讲、报警等电气线路故障 | 住户装修破坏，设备本身问题，施工管理不善 |
| 8 | 电气线路漏电或不通 | 住户装修破坏，设备本身问题，施工管理不善 |
| 9 | 门窗损坏、松动、变形、开关不灵 | 施工管理不善，缺乏保护措施，锚固连接不牢，安装方法错误，门窗本身质量 |
| 10 | 门窗气密性差，水密性差 | 施工安装不合格，门窗本身质量，施工管理不到位 |
| 11 | 门窗、隔墙、楼板隔音防噪性能差 | 设计考虑不周，产品自身原因，构造布置不当 |
| 12 | 墙体、门窗保温隔热效果差 | 设计考虑不周，产品自身原因，构造布置不当 |
| 13 | 室内空气污染物超标，异味严重 | 使用劣质建材，通风不畅，污水管道渗漏 |
| 14 | 阳台、厨房、卫生间等地面坡度不当，污水倒流或雨水倒灌 | 施工方法不当，排水口堵塞，构造处理不好，设计考虑不周 |
| 15 | 地面、墙面、卫生间或厨房墙面瓷砖空鼓 | 施工操作不当，黏结材料不当，基层处理不好 |

续表

| 序号 | 具体质量问题 | 被调查者的观点 |
| --- | --- | --- |
| 16 | 地下室底板或外墙渗水 | 材料配比不当，设计考虑不周，施工管理不严，材料不合格，构造处理不当，施工工序错误，后期养护不当，施工过程漏项 |
| 17 | 墙面、地面返潮、长霉斑 | 设计考虑不周，外墙保温不合格，防潮层失效，内外温差较大 |
| 18 | 地面或墙面面砖脱落 | 施工操作不当，黏结材料不当，基层处理不好 |
| 19 | 烟道串气或不通，垃圾道、通气孔堵塞 | 孔道内有杂物，构造布置不合理，施工管理不善，设计考虑不周 |
| 20 | 楼板挠度过大，影响美观 | 过早拆除模板，支撑模板变形，堆放物品过多，操作方法错误 |
| 21 | 室内设备设施安装不牢固 | 管理不到位，设计考虑不周 |
| 22 | 工程主体和装潢中使用劣质建材 | 施工管理不严，没有进行检测，采购劣质建材，设计选用错误 |
| 23 | 卫生间返臭 | 构造措施不当，下水存水弯损坏，下水管道破裂漏水 |
| 24 | 电视、电话、网络、通信等信号不好 | 线路有故障，设计布局不合理 |
| 25 | 室内外没有预留合理的设备安装位置 | 设计考虑不周 |
| 26 | 楼房电梯运行不正常 | 管理不到位，质量不合格 |
| 27 | 日照时间不足 | 设计考虑不周，外部有遮挡物 |
| 28 | 室外道路、照明、井盖、雨水管道、下水管道等公共设施损坏 | 管理不到位，质量不合格 |

除表 5.4 中所列出的与工程主体质量问题直接相关的原因外，一些来自我国工程建设主管部门的被调查者还结合他们各自的工作经验和体会，从工程建设法律、法规和实施程序等方面给工程质量带来影响的角度反映了他们的一些观点。他们认为，给我国当前住宅工程质量带来明显影响的主要因素还有以下几类。

**（1）工程建设中的违规违纪行为**

近年来，随着住宅工程建设规模的不断扩大，建设单位尤其是房地产开发商的违法、违规、违纪问题有所增多，出现了较多的先开工后补办施工许可证、变更设计不及时、进行施工图设计补审、未竣工验收先投入销售等多种多样的不良现象。在工程开发建设手续的办理过程中，很多建设单位不等完全办好必备的工程建设手续就开始施工建设，致使许多工程建设失去了必要的监督。如某直辖市的某住宅小区建设工程，在无房地产开发资质、无城市规划许可证、无土地建设许可证、无施工许可证、未办理质量监督手续的情况下，擅自进行房地产开发建设；同时，该公司所用的施工图纸在施工时尚无审图机构对全套图纸的审查意见。为了逃避检查和处罚，该公司还弄虚作假。事实上，在对该工程进行较为全面的质量检查中也的确发现了大量的工程质量问题，特别是阳台板根部出现裂缝问题的发生率达到了 31.4%。

“一个巴掌拍不响”，这些违规违纪问题也与各工程建设相关机构紧密联系起来，一些设计、监理、施工、能源供应管理等部门在工程建设单位缺少必备的工程建设手续的前提下，也不同程度地为这些违规行为从不同角度提供了便利。这些违规行为主要表现在以下几个方面。

第一，一些能源供应主管部门在工程建设单位缺少有关手续的前提下，通过其他渠道，给建设单位办理了有关能源供应手续，使得这些手续不完善的工程项目也能正常实施。

第二，设计单位在设计中考虑不周全或存在漏项，部分单位的设计人员对规范要求不熟悉，设计文件体现的深度不够，参数提供不齐全。这些问题突出表现在：设计说明不齐全、不完善；结构要求未说明，甚至导致一些概念错误，忽视一些细部构造和要求。特别是在节能、环保等方面未能严格按照国家相关技术标准要求进行设计。部分县级的勘察、设计单位存在越级承担设计任务，以图纸会审纪要代替设计变更，以及套用旧标准、旧图集或使用已经限制、淘汰的建筑材料等类似问题。

第三，近年来，部分监理单位竞相压价，恶性竞争，监理费过低，导致监理人员收益较低，使得在工程中责任心不强、监管不力、监督不到位或在位不履行职责的现象时有发生。在工程施工中，监理工作流于形式，未按规定及监理计划对工程关键部位、施工工序进行旁站或旁站记录不全面，部分监理工作记载不规范，不能全面反映监理的实际工作状况，对施工组织设计、专项方案审批不认真；对进场原材料控制把关不严，不能及时发现和纠正工程建设中存在的质量问题和安全隐患，监理措施没有针对性，可操作性差，不能对施工质量进行有效的过程控制。

第四，一些检测机构未能严格执行见证取样的送检管理办法及其相关规定，检验过程流于形式，甚至个别检测机构管理不规范，出具不真实的检测报告，在一定程度上影响了检测市场的权威性和公正性。

第五，部分施工单位，特别是一些中小型企业，质量保证体系不健全，质量管理制度不落实。一些工程的施工组织在设计未经审批的情况下就指导工程施工。工程中存在不按工程技术规范、标准进行施工，原材料、成品、半成品、构配件质量证明文件和进场复试报告不全或未按要求进行材料或部品验收的情况，工程施工质量的过程控制存在薄弱环节。同时还存在着部分施工企业资质不够、垫资承包、人员素质低、技术力量不足，施工组织设计方案针对性差、与现场脱节，不按设计施工，不执行施工操作规程等现象，再加上施工过程中疏于管理，使得工程质量得不到根本保障。此外，由于我国现有建筑施工队伍成员绝大多数是农民工，他们没有经过专门的培训，既缺乏建筑工程方面的基本专业知识，又缺乏基本的操作技能，因而存在大量的无证上岗现象，这些因素都将直接或间接地给住宅工程质量带来负面影响。

第六，目前我国建筑市场的管理仍然存在一些问题，如建筑市场主体行为不规范，建设单位任意压低价格，承包商盲目低价竞标，肢解发包、转包、违法分包、越级或挂靠承包工程等问题仍时有发生；建材市场准入和生产、销售监管存在漏洞。特别是有些施工企业和勘察设计单位，存在资质不够就承担工程施工建设任务的现象，给工程质量带来了很大的负面影响。

从总体上讲，在工程的前期手续办理中，建设单位的违规行为较多；而在工程设计、勘察和施工过程中，勘察单位和施工单位的违规行为较多。因此，勘察和施工质量仍将是今后住宅工程质量监管的重点内容之一。但许多工程项目管理专家在陈述这些问题的同时也深刻指出，勘察单位和施工单位的许多违规行为是由建设单位的不合理要求导致的，因此，这一情况应该引起有关部门的特别注意和高度重视。

**（2）重利益轻质量**

在工程项目的实施过程中，一些工程建设主管单位、施工单位、材料供应单位甚至设计、监理和预结算等单位人员在经济利益的驱使下，屡屡发生偷工减料、以次充好、监管放松等违法违纪行为。发生问题后，由于制度不落实，相互之间又存在这样或那样的关系，或碍于面子或检查者与责任者存在着私人关系等，相关责任人常常得不到应有的处罚或处罚力度不够，很多责任问题往往不了了之。尤其是在工程装修过程中，由于多采用包工包料形式或总费用一次包死的方式来开展施工建设，因此，为了获得更多的经济利益，一些承包单位时常与有关系的经销商串通一气，以次充好，使用假冒伪劣的建筑材料，从中取得回扣。因而，有害物质超标而导致室内空气受到污染的问题也就普遍存在。

**（3）对住宅工程重视不够**

住宅工程质量方面出现的问题还与建设单位投资不足、随便挪用工程建设费用、不重视施工监督、仍以传统的管理方法即经验型和粗放型的管理方式进行施工管理等有着紧密的关系。特别是一些监理和施工单位存在住宅工程不复杂、不需要什么高技术等看法，再加上若干建设单位追求速度，搞一些献礼工程、政绩工程，从工程建设的一开始就只求速度、只顾收益，对工程质量没有引起高度的重视，因而住宅工程中时常出现大量的质量问题也就不足为怪了。

**（4）质量监督缺乏或流于形式**

在竣工的住宅工程中，公建部分甩项较多，二次装饰不主动报建，使得工程的部分内容缺乏必要的质量监督。如果质检部门人力有限或管理条件有限，不能及时对在建工程进行现场检查，全面了解和掌握工程项目的实施状况，那么，质量监督也就流于形式了。

**（5）责任认定难**

目前，由于对住宅装修缺乏严格的市场管理，许多装修公司无证经营，装修人员无证上岗，而这些人员又缺乏水、电、暖、燃气等方面必要的专业知识，在装修中按照住户的意见擅自随意改动，因而就有可能给住宅质量留下隐患。装修完毕后，短期内出现质量问题也就成为普遍现象。消费者也常常自己去寻找装修单位、装潢队伍，质量意识淡薄。所以，在住宅装修中，一旦出现质量问题，则责任难以认定，更无法律保障。

**（6）工程管理制度存在缺陷**

尽管违章违规的问题时常出现在工程建设单位，但也反映出我国工程建设管理制度方面存在的许多问题。在此次调查中就发现，尽管工程中出现了很多质量问题，但很多地区的工程建设主管单位并未对工程质量责任主体单位进行处罚。

从某种意义上讲，这反映了某些地区存在着监督不力、执法软弱的现象。事实上，法律法规能否得到有效的落实、能否对建筑企业产生威慑力，执法的力度及其效果是非常重要的衡量标准。

**（7）其他一些综合性的问题**

除以上几项因素外，还有一些客观因素也给工程质量带来了不同程度的影响，如由于工程建设规模的不断扩大和工程结构形式的逐渐复杂化与多样化，工程项目的施工难度在不断增加。我国住宅工程的施工主体主要是一些施工资质较低的单位，且这些单位的施工人员主要是一些缺乏专业技术的农民工，因而工程质量的保障难度也不断增大。同时，随着经济体制改革的逐步深入和建筑市场的不断发展，建设工程投资主体也日益多元化，工程项目组织形式也日趋多样化，工程建设管理主体也越来越多，管理和控制的中间环节也相应增多，这些问题的出现都给工程质量的保障带来了一定程度的负面影响。

## 5.4 群因素及其分析方法

通过对住宅工程质量问题及其原因的进一步分析可以得知，导致工程质量问题的因素不仅种类繁多，而且非常复杂，这些因素相互交织、相互影响，共同形成一个给工程质量带来不利影响的因素群。很显然，面对这一较为复杂的因素群，如果工程项目管理者不能进行有效的识别和判断，从中找出影响工程质量的主次因素，那么，即使提出解决问题的对策，也可能缺乏针对性，在工程实际中未必会获得显著的处理效果。因此，若要有效解决工程质量问题，首先就需要对这些群因素进行科学的分析。

群因素是指在分析和研究某一问题或对象时，一组与研究对象具有较高相关性的因素所组成的群体。在这个群体中，不仅包含着导致研究对象出现问题最直接、最主要的因素，而且包含着间接的次要因素以及起辅助作用的相关因素。如果在分析问题的过程中需要寻找产生问题的根源，那么，首先必须获取群因素。

一般来讲，获取群因素的方法与研究的对象和内容直接有关。如果是纯理论研究，群因素多通过理论分析和系统推证来获得。如果是实证性研究，群因素就常通过实证性资料获得，但这些实证性资料一般是通过现场调研得来的，因此，获取的群因素就有两种状态，一种是定性群因素，另一种是定量群因素。定性群因素常以语言文字的形式来表述、解释和定义，定量群因素常以符号、数字为参数的形式来表示。这两种因素外在形式的差异，使得在群因素的分析和获取过程中就出现了两种方法，一种是定性分析法，另一种是定量分析法。

### （1）定性分析法

定性分析法亦称非数量分析法，主要依靠研究人员的实践经验以及主观判断和分析能力来推断出研究对象的性质、特征、状态以及发展趋势。定性研究具有探索性、诊断性和预测性等特点，它并不追求精确的结论，而只是了解问题之所在，摸清情况，得出感性认识，因此，它属于一种基础性的预测分析方法。这类方法主要适用于一些没有或不具备完整的研究资料和数据的研究对象。

目前，定性分析主要有三种方式：一是基于逻辑分析的归纳法；二是基于编码的方法；三是基于言语的方法。基于逻辑分析的归纳法通过对个案的深入研究获得有关总体的一般属性及其决定性关系以及这些属性出现的必要条件。由于分析归纳法强调命题的普适性，因而，反例就显得十分重要。一旦出现反例，就需要对目前的命题进行修正。在此情况下，一般有两种选择：第一种是重新界定待解释的现象，使之和因果条件相符合，或者使得反例不属于待解释现象的范围之内；第二种是调整因果条件，使得所有个案包括反例，均支持新的因果机制。这个过程一般包括七个步骤，这七个步骤分别是：

第一，确定待解释的现象；第二，形成初步定义；第三，形成一个工作假设来解释现象；第四，研究个案；第五，询问该个案中的事实是否符合初始假设；第六，如果答案是肯定的，继续研究第二个个案，否则考虑修订现象的定义或者修订最初的工作假设；第七，重复上一步，直到所形成的理论能解释所有个案。在这个研究过程的终点，研究者不仅需要对理论有清晰的描述，而且对理论的范围及其适用情形也需要有清晰的界定。但在实际中，分析归纳法存在一个逻辑悖论，它只能考察现象出现的个案，即只有满足特定条件时，所研究的现象才会出现，因此，在实际问题的研究中，仅作为辅助性的研究方法。

基于编码的方法初始来自社会调查中对开放问题的处理，后来扩展到处理半结构化的访谈材料。研究对象的多样化和海量化，使得在研究对象的分析中必须通过编码分类，才能实现类别的合并和种类的准确划分，使研究对象的解耦框架清晰、有条理。

基于言语的方法受语言学的影响较大，包括框架分析、叙事分析、会话分析和话语分析。框架分析用来分析所有问题后面的基本假定。叙事分析通过被访者叙事的方式来考察他们对问题的诠释，这种叙事是特定社会、历史与文化语境的产物。每一个认识和看法都是一个诠释装置，人们通过它来表述自己对研究对象的观点。会话分析把日常交谈看作社会互动的一种形式，它分析的对象是自然发生的言语沟通，具体分析方法包括转录、措辞分析、语序分析、谦让分析等。话语分析是对会话分析的批判，这种方法认为，会话是发生在一种社会和文化背景之中的，只有关注到话语和对话之间的联系，才能理解会话的意义。它本身具有不同的分析风格，如语言学风格、本土方法论和社会构建论风格、福柯风格以及批判话语分析风格。

在定性研究中，研究者常通过对研究对象一系列的观察和阐释让研究对象表象具体化，因此，定性研究注定就是多种研究方法、研究视角、不同研究者和知识分析的集成，其研究过程就是一个典型的三角测量过程，即通过不同的方法试图对现象获得深度理解。三角测量是验证之外的一种研究策略，而非验证方法，它把不同的方法、经验材料、观点和观测者组合在一个研究中，以增加研究的宽度、深度和广度以及严谨性和丰富性。

**（2）定量分析法**

与定性分析相对应，定量分析法则是用数量来描述研究对象或者对其他可以转化为数量形式的数据进行分析和处理的方法，这种分析法所得出的结果一般都被量化。在对问题的定量分析中，通过运用适当的数学方法对有关数据进行初步加工，以建立能够反映有关变量之间规律性联系的各类预测模型，并确切地分析研究所需的一切假设和条件。为了保障研究结果的可靠性，有时还要进行必要的验证。在定量分析中，很多信息都是用数字来表示和描述的。在对这些数字进行处理和分析时，首先要明确这些信息资料是依据何种尺度进行测定与加工的。这些尺度一般可分为四种类型，即名义尺度、顺序尺度、间距尺度和比例尺度。名义尺度所使用的数值可用于表现它是否属于同一个对象；顺序尺度所使用的数值大小与所研究对象的特定顺序相对应，常常表示研究对象之间的程度或层次关系；间距尺度所使用的数值不仅可以表示测定对象所具有的量，还可表示它们大小的程度；比例尺度是分析和描述研究对象之间相对关系的，但其所表示的含义却具有绝对性。

在定量分析中，定量分析方法将随着研究对象的不同而不同。用于管理学问题研究的方法常有层次分析法、主成分分析法、因素分析法等。当研究所获得的数据呈现出不同的特征时，所采用的方法也就具有了较大的差异性。

a. 层次分析法

层次分析法（analytic hierarchy process，AHP）是一种将研究对象数量化、系统化、层次化后，对研究对象内部所包含的群因素相互关系进行分析的方法。该方法是在 20 世纪 70 年代中期由美国运筹学家托马斯·塞蒂（Thomas Saaty）

正式提出的。这种方法的特点是在对复杂问题的影响因素及其内在关系等进行初步分析的基础上，利用较少的定量信息使决策的思维过程数学化，从而为多目标、多准则或无结构特性的复杂问题提供科学的决策依据。

采用层次分析法分析问题时一般需要经过四个步骤：一是建立层次结构模型；二是构造比较矩阵；三是计算权向量；四是对结果进行一致性检验。在建立层次结构模型时，需将群因素按照不同属性分解成若干层次，并建立起一个多层次结构。然后，在明确各个因素的判断分析基准后，比较同一层次中各个因素的相对重要性，根据相互判断结果构造比较矩阵。在此基础上，将比较矩阵进行归一化处理，并计算出矩阵的最大特征根及对应的特征向量，利用一致性指标进行一致性检验。若检验通过，则可成为分析研究对象的理论依据。

运用层次分析法分析问题时，最主要的工作有两项：一是要科学明确地建立群因素之间相对关系的判定标准；二是要将所有矩阵中的数量因素标准化和归一化，否则就不具备一致性和可比性。若没有明确的判定标准，则判定值的初定可以按下述标度进行赋值。

当因素 $i$ 与因素 $j$ 的重要性在相同层次上时，$a_{ij}=1$。

当因素 $i$ 比因素 $j$ 略重要时，$a_{ij}=3$。

当因素 $i$ 比因素 $j$ 重要时，$a_{ij}=5$。

当因素 $i$ 比因素 $j$ 较重要时，$a_{ij}=7$。

当因素 $i$ 比因素 $j$ 很重要时，$a_{ij}=9$。

其中，$a_{ij}$ 是构成判断矩阵的元素。在完成所有因素的相互比较之后，$a_{ij}$ 就可构建成判断矩阵 $\boldsymbol{A}=(a_{ij})_{n\times n}$。矩阵的特征向量计算比较简单，但获得的计算结果必须进行一致性检验，其步骤是：首先计算矩阵不一致程度的指标 $CI$ ①，然后从有关资料查出只与矩阵阶数有关的检验矩阵一致性的标准 $RI$，通过 $RI$ 与 $CI$ 的比值，即可

① $CI=[\lambda(\boldsymbol{A})-n]/(n-1)$。注：$\lambda$ 是判断矩阵 $\boldsymbol{A}$ 的最大特征根。

获得一致性比率 $CR$。当 $CR < 0.1$ 时，可判定矩阵 $\boldsymbol{A}$ 所表示的研究对象状态或事实可以接受，否则不可接受。

在归一化处理方面，一般常用几何平均法或规范列平均法。几何平均法的步骤是：计算判断矩阵中各行各个元素的乘积，计算乘积的 $n$ 次方根，对向量进行统一对比处理。规范列平均法的步骤是：计算判断矩阵中各行各个元素的和，将和均值化，对向量进行统一对比处理。

b. 主成分分析法

主成分分析法（principal component analysis，PCA）是一种数学变换方法，它把给定的一组相关变量通过线性变换转成另一组不相关的变量，这些新的变量按照方差依次递减的顺序排列。在数学变换中保持变量的总方差不变，使第一变量具有最大的方差，称为第一主成分，第二变量的方差次大，并且和第一变量不相关，称为第二主成分。依此类推，$n$ 个变量就有 $n$ 个主成分。由此可以看出，主成分分析是一种用较少的变量或称为新因素去解释和描述原有对象相互关系的方法。由于选出的变量或新因素比原始变量或因素个数少，因此，主成分分析实际上是一种降维分析法。

但在实证问题研究中，为了全面、系统地分析问题，常常必须考虑众多影响因素，即群因素。这些因素有时也被称为指标，在多元统计分析中也被称为变量。因为每个变量都在不同程度上反映了所研究问题的某些信息，并且指标之间有一定的相关性，所以所得的统计数据所反映的信息在一定程度上就会有重叠。在用统计方法研究多变量问题时，变量太多会增加计算量以及分析问题的复杂性，因此，研究者就希望在进行定量分析的过程中涉及较少的变量，而主成分分析法正是适应这一要求而产生的。

主成分分析法借助于正交变换，将其分量相关的原随机向量转换成其分量不相关的新随机向量。这在代数上表现为将原随机向量的协方差阵变换成对角形阵，在几何上表现为将原坐标系变换成新的正交坐标系。对多维变量系统进行降维处理，使之能从较高维度变量系统转换成低维变量系统，再通过构造适当的价值函数，进一步把低维变量系统转换成一维变量系统。这样，即可直接找到最主要的因素。

c. 因素分析法

因素分析法（factor analysis approach）是一种在分析多种因素对事物变动的影响时，为了观察某一因素变动后给研究对象整体所带来的影响程度而将其他因素固定下来，通过逐项分析、逐项替代来分析该因素影响程度的方法。它将分析指标先分解为各个可以计量的因素，并根据各个因素之间的依存关系，顺次用各个因素的比较值替代基准值，据此来测定各个因素对分析指标的影响。

因素分析法的一般程序是：先确定需要分析的指标，再确定影响该指标的各个因素以及与该指标的关系，最后计算确定各个因素影响的程度数额。常用的因素分析法主要有二因素分析法、多因素分析法、差额分析法、定基替代法等。其中，二因素分析法是在分析其中一个变动因素时，将另一个因素先固定下来，然后分别对之分析的方法；多因素分析法是假定只有该因素变动，其余所有的因素都固定不变，然后进行逐项分析的方法；差额分析法是利用各个因素的比较值与基准值之间的差额，来计算各个因素对分析指标影响的方法；定基替代法是分别用分析值替代标准值，测定各个因素对预定指标影响的方法。这些分析方法的具体步骤在有关文献中都可获取到，因此本书不再赘述。

但当采用因素分析法时，要注意因素分解的关联性、因素替代的顺序性、顺序替代的连环性以及计算结果的假定性。因素分析法计算各个因素变动的影响时，会因替代计算的顺序不同而有差别，即其计算结果只是在某种假定前提下的结果，一旦假定条件发生变化，其结果就可能发生变化。为此，在具体运用此方法时，应力求使这种假定是合乎逻辑的，是与实际意义相一致的。

## 5.5 群因素间的结构关系分析

在工程质量管理中，群因素是一组具有较高相关性的因素族群，各个因素之间不仅存在着紧密的相关性，而且还可能存在着约束性，这两种特性都可以以某种逻辑关系来完成映射，所有因素之间的映射形成关系模式。因此，关系模式一般被认为是对因素之间关系的形象描述。

但在群因素的关系模式描述中，这种描述不同于一般性的文字描述，它有严格的数学基础，抽象级别比较高，并且概念单一规范。一般来说，关系模式可以形式化地表示为：$R$（$U$，$D$，$dom$，$F$）。其中，$R$ 是关系名，$U$ 是组成该关系的属性名集合，$D$ 是属性组 $U$ 中属性来自的域，$dom$ 是属性向域的映象集合，$F$ 是属性间的数据依赖关系集合。在关系模式中，对描述的关系有一些规范性的限制，即关系中每一个属性值都是不可分解的，关系中不允许出现相同的元组，不考虑元组间的顺序。

**（1）系统结构关系模型**

在对群因素进行分析的过程中，群因素常常通过相互间的关系构建成一个系统，这个系统既体现了因素间相互作用的关系，又表达了因素间的层次关系。因此，要研究一个群因素的整个系统给研究对象带来的影响，就需要了解群因素组成的结构关系以及结构层次，并通过适当的形式把它们之间的关系描述出来，以便于观察和分析。

在理论研究中，常常通过建立系统结构关系模型的方式来描述群因素的结构关系以及结构层次。系统结构关系模型是一种结构模型化技术，它将复杂的系统分解为若干子系统，然后利用人们的实践经验和理论知识以及计算机的帮助，构成一个多级递阶的结构模型。但此模型属于概念模型，仅可以把模糊不清的思想、看法转化为直观的具有良好结构关系的模型，因此，特别适用于变量众多、关系复杂而结构不清晰的系统分析，也可用于研究方案的排序分析以及模糊言语结构的初定等方面。因此,在揭示系统结构关系方面,这一模型具有独特的优越性。

建立系统结构关系模型的基本流程是先抽取和设定关键因素，然后选择构成影响系统关键问题的因素并确定各个因素之间的直接关系。进行层次分类，将所有因素排列成若干个等级，再用有向弧线标出各级因素间的关系，这样就可得到所有因素形成的关系图。据此，在系统结构关系模型的构建中，即可利用有向图形来直接表达各种因素在研究者思维模式中存在的状态抽象，并使这种抽象通过直观的有向图形描述出来。有向图形由节点和边两部分组成。节点就是利用一个圆圈代表系统中的一个要素，圆圈中标有该要素的符号；边是带有箭头的线段，它表示要素之间的影响,箭头代表影响的方向。这样,点、线就构成了一个有向图。

**（2）结构关系的数学表示**

为了更好地避免研究者的主观意识干扰，以严格的数理推证逻辑作为分析的客观基础，在群因素关系分析中，一般都会通过约定条件把有向图转换为结构关系矩阵。这个约定条件是：当要素 $S_i$ 对 $S_j$ 有影响时，矩阵元素 $a_{ij}$ 为 1；当要素 $S_i$ 对 $S_j$ 无影响时，矩阵元素 $a_{ij}$ 为 0。由此可以看出，基于这种关系建立的矩阵是群因素相互关系的一个邻接矩阵。在邻接矩阵中，如果第 $j$ 列元素全部为 0，则这一列所对应的要素 $S_j$ 可确定为该系统的输入端。如果第 $i$ 行元素全部为 0，则这一行所对应的要素 $S_i$ 可确定为该系统的输出端。如果 $\boldsymbol{A}$ 矩阵元素中出现 $a_{ij}$=1，则表明从系统要素 $S_i$ 出发，经过 $k$ 条边可到达系统要素 $S_j$。这时即可说系统要素 $S_i$ 与 $S_j$ 之间存在长度为 $k$ 的通道。对于含有较多因素的矩阵，由于其分析过程比较烦琐，一般可借助计算机进行分析，其结果会自动生成并给出结果提示。

**（3）结构关系的判定**

在关系矩阵 $\boldsymbol{A}$ 的分析中,如果一个矩阵仅其对角线元素为 1,其他元素均为 0,

这样的矩阵称为单位矩阵，用 $\boldsymbol{I}$ 表示。根据布尔矩阵运算法则，如果一个表示系统关系的矩阵 $\boldsymbol{A}$ 满足条件 $(\boldsymbol{A}+\boldsymbol{I})^{k-1} \neq (\boldsymbol{A}+\boldsymbol{I})^{k}=(\boldsymbol{A}+\boldsymbol{I})^{k+1}=\boldsymbol{M}$，则称 $\boldsymbol{M}$ 为 $\boldsymbol{A}$ 的可达矩阵。

这个可达矩阵 $\boldsymbol{M}$ 的意义显示了整个系统各个因素所存在的连接路径，如下所示。

第一，由 $S_1$ 出发可以抵达 $S_3$、$S_4$、$S_5$，其意义表示 $S_1$ 对因素 $S_3$、因素 $S_4$ 和因素 $S_5$ 的干扰都将会对系统产生直接的影响。

第二，由 $S_2$ 出发可以抵达 $S_5$，其意义表示因素 $S_2$ 与 $S_5$ 具有直接的反应。

第三，由 $S_3$ 出发可以抵达 $S_2$ 和 $S_5$，其意义表示因素 $S_3$ 直接作用于因素 $S_2$ 并使因素 $S_5$ 产生反应。

第四，由 $S_4$ 出发可以抵达 $S_2$ 和 $S_5$，其意义表示因素 $S_4$ 不仅直接影响因素 $S_2$，也会通过实践反应作用于 $S_5$。

第五，由 $S_5$ 出发只能抵达自身，其意义表示它是整个系统的输出端。

如果把矩阵中的各个因素具体化，即各个因素在工程质量管理中所代表的含义明确化，那么，根据可达矩阵，即可分析出群因素之间的准确关系。

## 5.6 群因素的分类分析

通过对住宅工程质量问题原因调查结果的统计与分析可以看出，给住宅工程质量带来影响的因素是多方面的，但从总体来看，表 5.4 汇总统计的住宅工程质量问题的原因可以初步分成以下类别：

### （1）勘察设计方面的原因

勘察设计质量的高低与工程质量紧密相关。特别是在工程设计中，只有进行严谨、细致、认真、全面的建筑构造设计和结构设计，才能为有效预防工程质量问题的发生提供有力的保障，奠定坚实的基础。然而，在实际工程设计中，如果工程现场勘察不认真，钻孔间距过大或钻探深度不够，勘察报告不详细、不准确，设计方案不当、设计计算错误（如荷载取值偏小、与实际情况有较大差别），设计时没考虑到施工建造的可行性，各种沉降缝、伸缩缝设置不合理，屋面防水节点、门窗防风防水节点、卫生间排水管道与地面接口等节点构造设计不合理，或设计存在失误、考虑不周、缺少细部大样图等，就可能会导致工程出现裂缝、漏水、隔音防噪性能差等各种工程质量问题。例如，一些地区冬、夏季节温度和昼夜温差较大，而以混合结构为主的住宅建筑中，钢筋混凝土比砖砌体的温度膨胀系数大一倍以上，因此，常常会在钢筋混凝土与砖砌体接触处出现裂缝，如果在设计中对此考虑不周，没有采取有效措施，就会出现质量问题。同样，如果工程设计的深度不够，所选的材料性能落后甚至是淘汰产品，也会给住宅工程质量造成不利影响。

此外，在工程设计方面还存在着设计质量落后于人们对住宅质量要求的情况，特别是传统的住宅设计格局落后于现代生活住宅的美观性、节能性、采光性、布局的合理性等方面的要求。这些设计方面存在的不足不仅会给住户的二次装修带来不便，而且会造成大量的资源浪费，严重时还会危及住宅的整体结构安全。

**（2）施工管理方面的原因**

与其他类型的工程项目相比，不论是在工程结构方面还是在施工技术复杂程度方面，住宅工程相对较为简单。正因如此，很多工程项目管理者从工程建设之初，就没有对工程质量给予足够的重视。因此，在工程施工中时常发生施工单位不严格执行施工工序和有关规定、不按设计施工或随意更改设计方案，建设单位没有做好技术交底、没有将工程质量责任制落实到位等问题。除此之外，在施工过程中经常发生的问题还有：操作人员不遵守施工规范，没有严格执行施工规范规定的操作程序，或在结构构件的局部堆积过多荷载，作业人员踩踏钢筋、振捣不密实、材料配比计量不准、使用不合格材料、没有及时进行材料委托检测，施工产品缺少养护、保护措施不当，或材料、构件保管不善、乱堆乱放，等等。若还存在着施工方案考虑不周、施工工序错误、技术组织措施不当、各专业之间缺乏协调配合等问题，类似工程质量通病问题则出现得更多。可以说，工程中出现的漏水、裂缝、电气线路故障、管道堵塞、门窗密闭性差、抹灰脱落、地面空鼓、瓷砖脱落等许多工程质量问题无一不与工程施工管理不到位有关。

**（3）建材及其制品方面的原因**

在工程中，建材质量的不合格所导致的直接问题就是工程质量不合格。例如，水泥过期失效、砂石含泥量过大、砌块抗折强度不足、混凝土或砂浆配比不当等，都可能导致结构承载力下降、主体结构出现裂缝等问题；卷材柔韧性、耐久性较差，新型高分子防水材料质量不稳定等就可能导致屋面、卫生间、地下室渗水或漏水等问题；保温隔热材料不合格、容重和导热系数不达标，就可能导致屋面结构伸缩性较大而出现伸缩裂缝，影响住宅的使用功能或使结构受损。因此，建材及其制品方面存在的质量问题是导致工程质量问题的主要原因之一。

同时，在住宅工程中，建材使用品种较多、范围较广，多数建材在使用上又具有较强的普遍性，而我国目前建材市场仍存在着许多问题，如伪劣产品充斥建材市场，建材企业生产许可和建材市场准入制度不完善，生产技术监督管理不严格等，这就导致一些不合格的建材通过不同渠道流入建材市场，并在住宅工程中被大量使用。由此可知，如果住宅工程施工现场把关不严，建设单位、监理单位和施工单位的现场负责人没有严格地执行建材见证取样制度和规定，对建材产品不审查，在检测时以次充好甚至出具假证明，那么，出现工程质量问题也就成为必然了。

据调查，装潢类新材料的质量问题已成为导致工程质量问题的主要原因之一。但是，新材料的质量控制常常是个难点，原因有二：是人们对新材料的性能、使用效果不甚了解，缺乏施工经验；二是国家尚未对新材料的生产、加工和施工规范与标准做出明确的规定。因而，在我国当前的住宅产业快速发展的情况下就出现了大量源于新型建材方面的工程质量问题。例如，新型轻体墙板、玻璃纤维增强水泥装饰欧式构件、新型聚苯板墙体保温材料、新型防水材料、新型管材等质量不稳定，这些材料的放射性元素含量较高、韧性或强度不满足安全使用要求、稳定性差、容易褪色等。同时，工程中伪劣装潢建材的大量使用也是导致裂缝、渗漏、空气质量等问题的原因之一。

另外，受工程施工进度压缩的影响，在混凝土施工中常常会添加一些外加剂，如果发生外加剂添加的比例不当、计量不准等问题，也会出现混凝土强度降低、地面开裂等现象。因此，建材及其制品方面的质量问题也是造成当前住宅工程质量问题的直接原因。

**（4）项目参与人方面的原因**

在工程项目中，项目参与人不仅包括工程项目的决策人员、设计人员、管理人员、预决算人员和施工人员，还包括那些为工程服务的监理人员、检测人员、材料供应人员、有关职能部门人员，以及住宅使用者，等等。

人对工程质量的影响主要表现在人对工程直接或间接的干涉与控制上。直接影响包括对工程项目的具体操作、工程设计、工程监理、技术指导等，间接影响包括购买次品材料、工程中失职渎职、疏于管理等。正是由于在工程项目中有来自不同方面的人参与工程项目的决策、设计、施工、管理和材料供应等工作，工程质量受到的人为影响才最为广泛。一般来讲，如果工程项目参与人的素质较高、技术能力较强、经验较为丰富，那么在解决工程实际问题、保障工程质量方面都会有较高的可靠性；反之，如果工程项目管理者（特别是工程施工人员）的技术水平低、能力差，缺乏基本的专业知识，不懂基本的操作规程，那么就会导致大量工程质量问题的发生。有关统计资料表明，构成我国建筑劳务从业人员主体的农民工大多来自经济文化相对落后的地区，受教育程度较低。90% 以上的建筑农民工文化程度仍在初中及初中以下。尽管我国自 1994 年开始推行职业技能培训与鉴定制度，实施建设职业技能岗位证书制度，要求持证上岗，但施工人员的总持证上岗率仍然很低，难以满足全面保障工程建设质量和安全施工的要求。就当前来讲，我国职业技能培训的力度仍然未能满足建筑市场的需求，培训机构、鉴定机构数量也不能满足实际需求，而且全国累计培训建筑劳务作业人员主要集中在砌筑、抹灰、钢筋、混凝土等少数工种，一些新技术、新工艺、新材料的使用培训几乎是空白。因此，从整体来看，建筑劳务从业人员素质不高，缺乏基本的建筑知识和操作技能，这不仅导致一些建筑工程质量通病依旧存在，也给建筑工程若干新技术、新工艺和新材料的推广与应用以及新标准、新规程的贯彻与执行带来很大困难，并导致新的工程质量通病的产生。

同时，在人的因素方面，还有一个不容忽视的问题就是住宅使用者使用不当危害住宅结构安全和使用功能。特别是在住宅装潢过程中，我国对住户在房屋使用方法方面的知识宣传教育力度不够，很多住户又缺乏建筑常识，因此在装潢过程中任意改变墙体、在墙壁上随意开门打洞，甚至拆除部分或整道墙体以增加空间的现象普遍存在。有的住户随意扩大原有门窗的尺寸，建拱门、艺术窗等，这些破坏性的装潢大大降低了建筑物的结构安全性。有的住户在铺设地板的过程中使用砂浆较多，增大了楼面的负荷。有的住户在屋面安装设备设施的过程中，破坏了防水层。有的住户在加设灯饰、吊装风扇和天花板时，在空心楼板或浇板上随意钻孔打洞，凿钻楼板，致使楼板严重受损，甚至切断了楼板中的受力钢筋，破坏了其结构性能。有的住户为增加使用面积，在阳台上安装封闭窗，且封闭窗的尺寸远大于阳台尺寸，并在阳台上摆满花盆、堆积杂物。有的住户改变了阳台的功能，将其改造成厨房等，使得楼板、阳台等构件的荷载大大超过了设计要求，导致楼板变形过大、屋面抹灰脱落、地砖开裂。在电气装饰中，有的住户敷设线路时不按规定施工，到处乱设，并增加电器负荷的数量，造成负荷导线的接头发热，线路漏电、短路。有的住户在卫生间、厨房随意更换管道、改动排水设施，破坏卫生间、厨房现浇楼面的防水层，导致排水不畅，管道穿越楼板处发生渗漏水的现象。上述行为危害了房屋的结构安全和使用功能，给居住安全埋下了隐患。因此，源于住宅使用者的不良行为已成为导致工程质量问题的又一个主要因素。

**（5）技术方法方面的原因**

工程中的技术方法包含两个方面：一是工程中的硬技术，即具体的操作方法和施工工艺；二是工程中的软技术，即管理方法、组织措施和施工方案等。

从此次调查结果来看，完全由技术方法本身（即硬技术）造成的工程质量问题非常少，这说明在我国住宅工程建设中所使用的工程硬技术还是能够满足工程建设所需的，在硬技术方面还是有保障的。但在软技术方面出现的问题就较多，如时常发生施工方案与现场具体情形不符、技术措施缺乏针对性、组织设计不严谨、现场组织方法不当、施工工序错误等问题。如果这些管理技术上的失误发生在屋面卷材工程、地下防水工程，以及阳台、厨房、卫生间等地面施工中，就可能导致漏水、渗水、污水倒流或雨水倒灌等问题，而这些问题的出现都与现场技术指导不当有着直接或间接的关系。

**（6）工程资金方面的原因**

由于住宅工程建设的资金主要来自银行贷款、楼房预售、自筹资金等方面，并且住宅工程建设所得到的部分利润还必须用于偿还贷款利息，因此，住宅工程建设方、投资方就常常将经济利益摆在首位，一切以经济利益为中心。这就使得工程项目管理者产生了不求优质只求合格的管理思想。一些假冒伪劣但不影响工程结构安全的配件、制品，如洗面池、坐便器、阀门、玻璃、门把手、窗台板、暖气片、电线、开关、灯具、插座等就被大量地使用在住宅工程当中。

**（7）工程进度方面的原因**

工程能否按期完工或提前完工都与工程费用紧密相关，所以许多建筑商便尽可能地压缩工期、省略工序、缩短流程，以便提前完工、及时销售产品、收回资金。但工程中一些项目的完成如混凝土的凝固、回填土的密实或砌体强度的增长等都需要一定的工期来保障，因此，不合理的工期缩减就必然会影响到工程质量。

**（8）施工作业环境方面的原因**

除以上几方面因素外，工程质量还与施工作业环境有紧密关系。在工程项目的施工过程中，施工现场狭窄、现场作业面拥挤、通风照明条件不好、所需设施使用不便等均会对工程质量带来一定程度的负面影响。

**（9）工程设备与机具方面的原因**

在工程中，正确和有效使用相关设备与机具也是保障和提高工程质量的有效手段之一，如通过有效的检测设备可以确保使用的材料符合标准，通过现代化的张拉设备可以使结构所需的应力达到质量规定的预定要求。工程设备与机具是否在性能上可靠、操作上方便、使用上灵敏准确等都与工程质量有着紧密的关系。因此，在工程中，一旦所用设备发生问题，就可能会导致检测错误、搅拌不匀、压力不足等问题，并导致工程出现质量问题。

在我国，住宅在装潢之后普遍出现的室内空气污染物超标、异味严重、节能效果不达标、隔声隔热效果差等问题，实际上与缺乏有效的检测设备而导致不能及时发现问题有着紧密的关系。

**（10）客观因素**

很显然，工程质量也会受到许多客观因素（如自然气候、地理环境、国家宏观政策调整等）的影响。

在自然环境里，工程地质状况、水文、天气、湿度、温度等都会直接影响到工程材料的化学反应或物理形成过程，也会影响到人的工作效率和操作效果。尤其在寒冷季节、酷暑季节施工时，更需要工程项目管理者提前制定相应的有效措施来避免自然因素给工程项目所带来的不利影响。

在此需要提及的另一项重要影响因素就是国家的宏观发展政策和经济建设发展状况。近几年来，为了满足人民生活水平不断提高的要求，国家投入了大量的工程建设资金，建设了大量的住宅工程。在此政策环境下，一些房地产开发商利欲熏心，为了获得巨大的利润，急于立项、急于开工、急于施工，不重质量，只求早日完工而获取收益。因此，工程中出现的质量问题接连不断。同时，随着经济体制的改革和市场的不断发展，建设工程投资主体也日益多元化，工程项目组织形式也日趋多样化，工程建设管理主体也越来越多，工程中的管理和中间控制环节也相应增多，使得工程实施过程中政出多门，相互牵制和约束，这些问题都给工程项目的正常实施和质量保障带来一定的负面影响。

**（11）制度管理方面的原因**

通过对我国住宅工程质量现状的调查可知，在目前的住宅工程项目建设过程中，依然存在着大量的建设单位不按建设程序办事、施工单位不按施工规范和操作规程施工、监理单位不严格执行有关监管制度、勘察设计单位越级承揽工程项目等违法、违规、违纪问题。在工程中，依然存在着较多的先开工后补办施工许可证、进行施工图补审、未竣工验收先投入使用、假招标、工程中行贿受贿或失职渎职等多种多样的不良现象。同时，还存在着施工企业和监理企业的质量意识不强、住宅装修市场和建材市场管理混乱、监测单位不负责任、管理体系不完善、施工监督管理不严等问题。这些问题的存在不仅说明各建设主体的建筑工程质量责任制没有得到有效的落实，而且也反映出我国在工程管理制度方面存在许多问题。因此，源于制度管理方面的问题也会给工程质量带来不利影响。

虽然本小节将引发住宅工程质量问题的因素归结为 11 类，但这些因素的分类分析结果只给我们进一步分析引发工程质量的问题缩小了范围，但这些因素中哪些是主要的，哪些是次要的，它们之间的相互关系如何，如何对工程质量产生作用等仍需进一步的分析和研究。

## 5.7 群因素间的结构关系模型

在工程质量管理中，群因素是一组具有较高相关性的因素族群，根据群因素间的结构关系分析理论可知，若要探知这些因素间的相互关系，就需要构建起它们的结构关系模型。按照构建模型的步骤和方法，若把这 11 项因素作为引发住宅工程质量问题的群因素，即可构建起基于工程实践的有向图。在这一思想的指导下，研究者得出如图 5.2 所示的群因素结构关系模型。

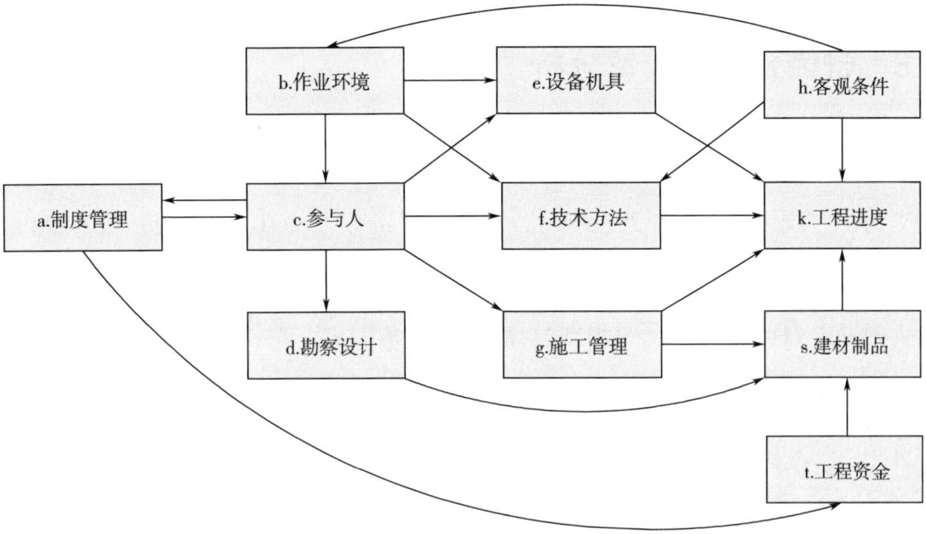


图 5.2 群因素结构关系模型

从这一模型可以看出，这 11 类因素既存在着互馈，又存在着相互约束。同时，这 11 类因素存在各自内涵的差异，因而呈现出明显的梯级关系。一些内涵较深、包含内容较多的因素不仅自身给工程质量带来影响，而且还通过其他因素发挥着不同程度的辅助作用。如项目参与人，不仅自身的设计水平、施工技术、管理方法等直接对工程质量产生影响，而且还通过设备机具、材料采购、制度约束等对工程质量产生间接影响。反过来，一些简单、低内涵的因素如建材制品给工程质量带来的影响却很直接，而不像高内涵因素那样对质量产生较大的影响。但这类因素的受限程度较高，并与形成这些因素的初始条件或前提条件紧密相关。不论这 11 类因素之间的关系程度如何，从这个结构关系模型中可以看出，它们不仅组成了一个影响工程质量的梯级层次网，而且描绘出了它们对工程质量的相对影响程度，并且它们相互之间的作用关系也较为清晰地表现出来，这为进一步深入分析和探究各个因素的主次关系及其给工程质量带来的影响程度奠定了良好的基础，提供了有利的条件。

## 5.8 群因素间的关系分析

根据群因素结构关系理论分析规则，当因素 $S_i$ 对 $S_j$ 有影响时，矩阵元素 $a_{ij}$ 定义为 1；当因素 $S_i$ 对 $S_j$ 无影响时，矩阵元素 $a_{ij}$ 定义为 0。这说明，当了解和掌握了因素间的相互关系时，根据这一定义就可建立起所有因素组成的邻接关系矩阵。据此，对于影响住宅工程项目质量的 11 类因素，在这一原则的指导下，依据图 5.2 所描述的这 11 类因素之间的关系，就可建立起这 11 类因素的邻接矩阵 $\boldsymbol{A}$。

$$
\boldsymbol{A}=\begin{array}{c}
 \\ a\\ b\\ c\\ d\\ e\\ f\\ g\\ h\\ k\\ s\\ t
\end{array}
\begin{array}{c}
\begin{array}{ccccccccccc} a & b & c & d & e & f & g & h & k & s & t \end{array}\\
\begin{bmatrix}
0 & 0 & 1 & 0 & 0 & 0 & 0 & 0 & 0 & 0 & 1\\
0 & 0 & 1 & 0 & 0 & 1 & 0 & 0 & 0 & 0 & 0\\
1 & 0 & 0 & 1 & 1 & 1 & 1 & 0 & 0 & 0 & 0\\
0 & 0 & 0 & 0 & 0 & 0 & 0 & 0 & 0 & 1 & 0\\
0 & 0 & 0 & 0 & 0 & 0 & 0 & 0 & 1 & 0 & 0\\
0 & 0 & 0 & 0 & 0 & 0 & 0 & 0 & 1 & 0 & 0\\
0 & 0 & 0 & 0 & 0 & 0 & 0 & 0 & 1 & 1 & 0\\
0 & 1 & 0 & 0 & 0 & 1 & 0 & 0 & 1 & 0 & 0\\
0 & 0 & 0 & 0 & 0 & 0 & 0 & 0 & 0 & 0 & 0\\
0 & 0 & 0 & 0 & 0 & 0 & 0 & 0 & 1 & 0 & 0\\
0 & 0 & 0 & 0 & 0 & 0 & 0 & 0 & 0 & 1 & 0
\end{bmatrix}
\end{array}
$$

根据结构关系邻接矩阵 $\boldsymbol{A}$，可以明显地看出 $h$ 列全为零，因此它就是系统的输入；$k$ 行全为零，因此它就是这些因素所组成的系统输出。为了进一步分析它们之间的关系，根据群因素理论，就需要给 $\boldsymbol{A}$ 输入一个单位矩阵 $\boldsymbol{I}$，即进行 $\boldsymbol{A}+\boldsymbol{I}$ 运算，并定义 $\boldsymbol{A}1=\boldsymbol{A}+\boldsymbol{I}$，运算过程如下。

$$
\boldsymbol{A}1=\boldsymbol{A}+\boldsymbol{I}=\begin{bmatrix}
0 & 0 & 1 & 0 & 0 & 0 & 0 & 0 & 0 & 0 & 1\\
0 & 0 & 1 & 0 & 0 & 1 & 0 & 0 & 0 & 0 & 0\\
1 & 0 & 0 & 1 & 1 & 1 & 1 & 0 & 0 & 0 & 0\\
0 & 0 & 0 & 0 & 0 & 0 & 0 & 0 & 0 & 1 & 0\\
0 & 0 & 0 & 0 & 0 & 0 & 0 & 0 & 1 & 0 & 0\\
0 & 0 & 0 & 0 & 0 & 0 & 0 & 0 & 1 & 0 & 0\\
0 & 0 & 0 & 0 & 0 & 0 & 0 & 0 & 1 & 1 & 0\\
0 & 1 & 0 & 0 & 0 & 1 & 0 & 0 & 1 & 0 & 0\\
0 & 0 & 0 & 0 & 0 & 0 & 0 & 0 & 0 & 0 & 0\\
0 & 0 & 0 & 0 & 0 & 0 & 0 & 0 & 1 & 0 & 0\\
0 & 0 & 0 & 0 & 0 & 0 & 0 & 0 & 0 & 1 & 0
\end{bmatrix}+\begin{bmatrix}
1 & 0 & 0 & 0 & 0 & 0 & 0 & 0 & 0 & 0 & 0\\
0 & 1 & 0 & 0 & 0 & 0 & 0 & 0 & 0 & 0 & 0\\
0 & 0 & 1 & 0 & 0 & 0 & 0 & 0 & 0 & 0 & 0\\
0 & 0 & 0 & 1 & 0 & 0 & 0 & 0 & 0 & 0 & 0\\
0 & 0 & 0 & 0 & 1 & 0 & 0 & 0 & 0 & 0 & 0\\
0 & 0 & 0 & 0 & 0 & 1 & 0 & 0 & 0 & 0 & 0\\
0 & 0 & 0 & 0 & 0 & 0 & 1 & 0 & 0 & 0 & 0\\
0 & 0 & 0 & 0 & 0 & 0 & 0 & 1 & 0 & 0 & 0\\
0 & 0 & 0 & 0 & 0 & 0 & 0 & 0 & 1 & 0 & 0\\
0 & 0 & 0 & 0 & 0 & 0 & 0 & 0 & 0 & 1 & 0\\
0 & 0 & 0 & 0 & 0 & 0 & 0 & 0 & 0 & 0 & 1
\end{bmatrix}
$$

$$
=\begin{bmatrix}
1 & 0 & 1 & 0 & 0 & 0 & 0 & 0 & 0 & 0 & 1\\
0 & 1 & 1 & 0 & 0 & 1 & 0 & 0 & 0 & 0 & 0\\
1 & 0 & 1 & 1 & 1 & 1 & 1 & 0 & 0 & 0 & 0\\
0 & 0 & 0 & 1 & 0 & 0 & 0 & 0 & 0 & 1 & 0\\
0 & 0 & 0 & 0 & 1 & 0 & 0 & 0 & 1 & 0 & 0\\
0 & 0 & 0 & 0 & 0 & 1 & 0 & 0 & 1 & 0 & 0\\
0 & 0 & 0 & 0 & 0 & 0 & 1 & 0 & 1 & 1 & 0\\
0 & 1 & 0 & 0 & 0 & 1 & 0 & 1 & 1 & 0 & 0\\
0 & 0 & 0 & 0 & 0 & 0 & 0 & 0 & 1 & 0 & 0\\
0 & 0 & 0 & 0 & 0 & 0 & 0 & 0 & 1 & 1 & 0\\
0 & 0 & 0 & 0 & 0 & 0 & 0 & 0 & 0 & 1 & 1
\end{bmatrix}
$$

在矩阵的分析中，$I$为单位矩阵。根据布尔矩阵运算法则，可以证明：$A2=(A+I)^2=A1(A+I)$。同理可以证明：$(A+I)^k=A^{k-1}(A+I)$。通过对群因素理论的分析已知，如果系统 $A$ 满足条件 $(A+I)^{k-1}\neq(A+I)=(I+A)^{k+1}=M$，则称 $M$ 为系统 $A$ 的可达矩阵。可达矩阵表示从一个要素到另一个要素是否存在着连接的路径。

当完成第 7 阶幂运算之后，出现 $A6=(A+I)^5(A+I)=A5(A+I)=A5$ 的运算结果，这说明矩阵 $A5$ 已将群因素之间的结构关系全部包括在内。因此，$A5$ 即这些群因素的结构关系完整表达模型。

## 5.9 群因素间的关系判定

通过对这 11 类群因素的邻接关系分析，可以从 $A5$ 中看出各个因素之间存在着明显的梯阶关系。这一关系表明，不仅各个因素自身会对质量产生影响，即产生直接效应，而且多数因素还通过其他因素将自身作用放大后对住宅质量产生更大的影响，即产生倍数效应，因此这类因素就自然成为给住宅工程质量带来较大影响的倍效因素。

从理论上讲，在这些倍效因素中，由于梯级越高的因素所影响的范围越大，因而相对来说，它也就越主要，会给工程项目带来较长的持续性影响。例如，随着国家宏观经济建设指导方针的调整，银行提高了住宅开发建设的贷款利率，那么，这一因素就会影响工程项目资金的筹集与回收。而项目资金的回收周期又决定着项目的建设管理模式和住宅设计方案的选择，住宅方案又关系到建筑材料的选择和施工方案的确定，施工方案必然要考虑到施工设备、机具、现场组织与施工管理等问题，这一系列前期准备和决策又关系到施工进度的确定等。由此可以看出，梯级越高的因素所产生的影响范围越大，也就会给工程项目带来更长的持续性影响，具有较长的时效性。而梯级较低的因素（如工程进度的问题可能是由于施工中大型吊装的机械设备不到位造成的，后期为了赶进度可能会对工程质量带来影响）却通过提前采取有效的预防措施来避免由此给工程质量带来的影响。因此，这一因素就不具有突发性和持续性，但也需要工程项目管理者予以重视，否则就会给工程质量带来一定程度的影响。这一分析结果表明，若要有效解决当前我国住宅工程中存在的质量问题，就必须有针对性地消除工程中群因素给工程项目总体带来的各种不利影响，特别是群因素中倍效因素的问题更需要引起足够的重视。

## 5.10 倍效因素与倍效效应及其分析方法

### （1） 倍效因素与倍效效应的含义

系统工程学认为，系统是由两个或两个以上相互作用的相关要素组成的，是具有特定功能的组合体。系统内部可以含有子系统，也可以从属于更大的复杂系统。在系统内部，各个要素不仅自身对系统产生一定的影响和作用，而且可能借助于系统内部的其他要素表现出其对系统更为突出的作用。这些要素的自身作用和它们之间的相互作用是系统效应的起因，因此，从系统缘由角度讲，这些要素也被称为系统因素。

在系统中，由于存在因素自身与相互之间作用所产生的系统效应之差异，系统内因素与因素之间并不是同位的，而是具有层次的。有些因素只能通过自身来对系统产生直接或间接的效应；而有些因素不仅如此，还可以在完成与其他相关因素的有效组合后，释放出数倍于自身效应的效应。据此，不同的因素就可以被划分成不同的倍数级别。尽管可能会由于因素的不同以及数倍效应的比较基数不同而产生不同的划分结果，但一个很明显的结果就是各个因素之间存在着明显的梯阶关系和效应倍数关系。这样，从产生系统效应的角度讲，那些对系统具有数倍效应的因素相对于只能通过自身来对系统产生单一效应的因素就被称为倍效因素。因此，倍效因素就是给系统带来倍效效应的因素。

在系统工程中，效应是指在一定条件下，由若干因素和一些结果构成的一种因果现象。依据现象的表现程度来划分，效应可以分为基效应和倍效应。基效应是指单独一个因素发生变化时，系统随之而产生的基本效应。基效应的因果关系最为直接，也最为明显。倍效应即倍效效应，它是相对于单因素给系统产生的单独效应而言的。在系统内部，当倍效因素与另外一个或几个因素相互组合且具备了因素产生效应的内外条件后，倍效因素就会通过其有效的因素组合呈现出数倍于自身效应的效应，即倍效效应。这种效应不仅影响范围大，而且给系统带来的效应持续时间长。一般来讲，倍效因素的倍数越高，即在所有因素中位于的层次越高，其所产生的影响范围就会越大，效应持续性也就会越强。

**（2）倍效效应分析**

在研究多因素效应方面，复合变量模型是一个较为理想的研究工具。实际上，它也是多变量组合分析方法的一种拓展，它能将描述一个事物的多个变量进行适当的组合，从而得出事物行为及其结果的合理解释。

在分析研究对象的过程中，复合变量模型常用一组可观测的潜变量来解释一组不可观测变量的作用结果，各个观测变量均被概括成几个因素的线性函数组合，这个可观测变量的结果包含着最终的潜变量效应结果。这些潜变量一般被分为两类，一类是直接影响多个因素变量的公共因素变量，另一类是只能影响个别因素变量的唯一性因素变量。观测变量与因素变量的关系可表示为：$\boldsymbol{x}=\boldsymbol{Af}+\boldsymbol{u}$。其中，$\boldsymbol{x}=(x_1, x_2, x_3, \dots, x_n)'$是一组观测变量向量，$\boldsymbol{f}=(f_1, f_2, f_3, \dots, f_n)'$是公共因素向量，$\boldsymbol{u}=(u_1, u_2, u_3, \dots, u_n)'$是唯一性因素向量，$\boldsymbol{A}=(a_{ij})_{i\times j}$是因素负荷矩阵。由于$\boldsymbol{x}$、$\boldsymbol{f}$、$\boldsymbol{u}$均为离差变量，所以$E(\boldsymbol{x})=0$，$E(\boldsymbol{f})=0$，$E(\boldsymbol{u})=0$。此时，若将群因素矩阵$\boldsymbol{A}=(a_{ij})_{i\times j}$一并考虑进来，那么复合变量模型中任意因素相组合后的关系就有：

$$R(x)=\sum_{i=1}^{N}\boldsymbol{x}=\sum_{i=1}^{N}\boldsymbol{Af}+\boldsymbol{u}=(\alpha_1 f_1+\alpha_2 f_2+\alpha_3 f_3+\cdots+\alpha_n f_n)+(u_1+u_2+\cdots+u_n)$$

按照这一方程，若将低阶倍效因素作为公共因素向量，高阶倍效因素作为唯一性因素向量，那么就可建立起由倍效因素组成的多因素效应复合模型，并且通过这个模型的分析结果可以进一步得知，倍效因素在工程中产生作用时先是在 $\boldsymbol{f}$ 或 $\boldsymbol{u}$ 集中通过外组合条件 $\alpha$ 的选取来表现出自身的效应，然后通过外组合条件再与另一集合的因素相组合释放出多倍效应。但是，当其只有自身因素发挥作用时，这一因素对系统所产生的效应也很小。更有意义的是，由于系统中的一切行为都将通过系统操作者来实现，所以外组合条件 $\alpha$ 必将不为零。这就能很好地解释了当工程出现质量问题时，管理者总是先检查施工单位的原因，因为工程质量与倍效因素中的项目人员关系最紧密，而施工队伍中操作人员的素质和技术能力以及责任心又是核心与关键。当把这一因素排除后，管理者就将质量问题的分析转向工程管理、勘察设计、制度管理、建筑材料等方面。事实上，任何问题的发生常常是多种因素综合作用的结果，即主要是外组合条件和内组合条件共同发挥作用所致。不论是我国近年来一些工程事故的实例还是若干工程质量的研究结果都表明这一点的正确性，这也正是循证科学研究方法以工程实践为基础，最终又能够很好地从理论上分析和解释这些结果的原因所在。但也正是由于这一研究方法得出的理论结果与工程实际结果相符，我们才能以此理论研究结果为依据来制定解决问题的对策。

## 5.11 倍效因素的控制方法

控制是管理的具体行为，没有控制，管理的目的就不易达到，管理的目标也就不易实现。但工程项目是一个动态的时变系统，存在着非完全可知的干扰，这些干扰既有来自工程项目外部的因素（如天气变化、国家政策、地质状况等），也有来自工程项目内部的因素（如计划制订、施工组织、资源调配等）。这些干扰常使得工程项目目标在其实施过程中产生与预定计划的偏差，因此就需要在工程项目目标实施过程中进行不间断的控制，以确保项目目标的实现。

就工程质量的控制方法而言，常用的有 PDCA 循环控制法、三阶段控制法以及全面质量管理（TQC），这些方法不仅在住宅工程质量的管理和控制方面发挥了巨大的作用，而且在其他建设工程中也发挥着重要的作用。但要解决我国目前住宅工程中存在的质量问题，需要的可能不仅仅是在工程中对住宅工程质量实施计划、检查、实施、处置的 PDCA 管理，也不仅仅是事前、事中和事后的三阶段控制以及全面、全员、全过程的全面质量管理，而是如何对当前住宅工程质量中所出现的影响工程质量的倍效因素进行管理和控制，以消除这些倍效因素给工程质量带来的影响并达到控制工程质量的目的。

**（1）倍效因素控制方法的理论分析**

通过对倍效因素的理论分析可知，倍效因素给工程质量带来的影响是多种因素综合作用的结果，这种影响所产生的效应远大于单一因素产生的效应。但若反过来对之进行分析也可得知，若要消除倍效因素给工程质量带来的影响，就必须消除这些因素对工程质量所产生的综合作用，消除这一作用首先需要离间这些因素的集成，使这些因素无法综合。为此，主要应消除它们综合在一起的条件，使这些因素即使存在也是相对孤立的，无法产生相互叠加的倍效效应。对于住宅工程质量管理而言，相较于综合性的工程质量问题，消除每一个单因素所产生的效用还是较为容易的，而消除多因素的集成效果就需要分层、分步地逐一查明原因并进行有针对性的处理。因此，如何消除倍效因素给工程质量带来的影响就转化为如何离间各倍效因素集成的问题，而解决这一问题的关键是如何将倍效因素隔离开来，以阻止其形成倍效效应。

从工程管理知识中可知，在工程项目实施过程中，住宅作为最终的工程产品，是工程设计、方案选择、计划安排、资源供应、人员管理、设备使用、过程操作等多项行为综合集成的结果。在此过程中，每一个目标的实现都必须通过操作工序这个最基本的单元来完成，因而，在项目实施中，若干不确定因素特别是倍效因素给工程质量带来的影响也就必须通过工序这个最基本的单元来组织、传递和完成。例如，在钢筋混凝土现浇板的施工中，由于存在着混凝土材料的检测，混凝土材料的配比，混凝土的浇注、振捣、养护，以及后期的模板拆除等工序，如果钢筋混凝土现浇板出现裂缝，导致这一质量问题的原因就可能来自以下方面。

第一，在混凝土生产过程中，所使用的水泥过期，或不严格按配比计量，或骨料含泥量过高，或外加剂使用不当。

第二，在施工管理的各道工序检查中，出现混凝土材料漏检、不严格计量、混凝土搅拌不匀等问题。

第三，在混凝土运输、浇筑和振捣的各道工序中，可能存在着运输混凝土时踩压钢筋而导致钢筋位置发生改变、浇注速度过快、施工缝接茬处理不好、振捣不密实以及水泥和骨料产生离析等问题。

第四，在养护过程中，天气气温较高，未能及时浇水养护而导致开裂；或天气寒冷，没有及时保温而导致混凝土无法发生化学反应，达不到预期的强度。

第五，支撑模板刚度不足或拆模过早，使得混凝土在未达到规定强度时承受外部荷载而出现裂缝。

由此可以看出，在钢筋混凝土现浇板的施工中，若存在上述任何原因之一，都有可能造成现浇板出现裂缝。但更重要的是，如果在施工中同时出现以上原因的若干种，在此情况下形成的问题比在施工中只出现上述原因中的任何一种所导致的质量问题要严重得多，这就必然会对质量问题的解决带来困难，也就会出现明显的倍效效应。但若从宏观角度对以上几项问题进行分析也可看出，各种问题的形成有其各自的内外条件，如下所示。

第一，在混凝土材料检查这一工序中，混凝土材料的不合格与材料进场时管理人员没有认真检查、缺乏责任心直接相关。

第二，在混凝土生产这一工序中，不能严格按配比计量、骨料含泥量过高、外加剂使用不当等问题也与管理人员在此过程中对每道工序的监督管理有关。如果能认真把关，这些问题就会解决，甚至根本不会出现。

第三，在混凝土施工这一工序中，如果严格按照施工操作规程进行，对重点部位实施重点监管，每一道工序都符合操作规定，那么振捣不密实以及水泥和骨料产生离析、钢筋错位等问题就会避免。

第四，在养护过程这一工序中，如果施工人员能够根据施工现场的实际情况并结合施工条件，在混凝土的化学形成过程中按照技术规程科学认真地及时养护，那么因缺水或寒冷而导致的裂缝问题就会避免。

第五，在模板拆除这一工序中，如果施工人员能够在管理人员完成混凝土强度检测的前提下，根据混凝土的实际强度结合现场情况进行模板拆除，那么就能避免混凝土在未达到规定强度时承受外部荷载而出现裂缝的情况。

通过以上裂缝形成原因的初步分解分析可知，在工程质量的管理和控制中，若要消除工程质量问题，质量管理的三项关键控制措施是：一是从组成质量目标的所有工序开始，进行连续性的质量管理和监测，及时掌握和分析工序中出现的异常；二是若在同一道工序中同时出现两项以上的不利因素，那么就把它们隔离开，分别分析和处理；三是在下一道工序实施之前，要避免上一道工序的问题传递到下一道工序，杜绝和消除不利因素在工序中延续。

对于这三项控制措施的实施而言，管理和控制的方法一般主要有主动和被动两种。主动控制（active control）意味着有抗干扰和适应自身变化的控制行为与能力，能够根据反馈的信息主动控制目标实施过程中的每一个环节，提前做出预测和相应的调整，以确保项目目标的实现。但对于主动控制来讲，最难的就是从当前所拥有的信息中寻找出今后可能会发生的问题，因为面对众多的质量管理对象及其相应的信息，如何从中识别出有问题的信息不仅是管理问题，更是技术问题。而能否采用科学、正确、有效的方法及时识别出工程质量中存在的问题，对于主动控制来说是非常重要的。被动控制（passive control）则不然，它主要通过前期计划方案实施后的反馈效果来控制目标。在问题出现后，通过对原有方案中存在的不适应进行调整，来观察下一步的实施结果。由于缺乏必要的预测性分析，它的控制效果是有限的，主动抗干扰的能力也较差。因此，若要主动消除倍效因素给工程质量带来的不利影响，就必须采取主动控制的方法。

**（2）主动控制方法分析**

根据控制系统信息输入的不同，主动控制方法又分为两种，一种是计划控制，另一种是目标控制。这两种控制方法有三个共同点：一是都需要预先确定控制的目标及反映各目标的有关指标；二是都需要预测在计划实施过程中可能受到的影响；三是都需要根据预测到的影响制定出具体的对策与措施，然后实施。但二者在实施的方式上存在着一定程度的差别。例如，计划控制在实施前给系统输入的是计划程序，而目标控制输入的是欲实现的具体期望值，而且在目标控制的过程中设置了信息的提前反馈机制，不等到输出结果出现偏差就要进行必要的调整，以消除对目标实现所施加的内外各种不利影响。从目标控制的这一过程来看，它对预控对象的管理将是一个不断调整的动态过程，对控制过程中出现的问题要随时进行必要的措施调整，以使每一步都在允许的偏差范围之内并确保目标的最终实现。同时，从目标控制的本质来讲，它还具有如下特点。

第一，根据预先确定的目标制订出一套细致完整的管理计划，这个计划既包含实施目标的内容，又包含明确各内容目标程度的指标。同时，各指标的标准和分析方法、分析步骤与程序也都具有明确的规定。

第二，实施过程中所采取的措施要有明确的针对性，要对不同的管理目标采用不同的方法，并结合实施过程中可能出现的问题提前做出有关限定。

第三，不是通过对目标的直接控制来实现项目的最终目标，而是对组成目标的各个环节和工序进行过程性的连续控制。

第四，在目标实现之前，随时进行连续性的前工序结果回馈而不是最终结果的一次性反馈。这些回馈都以项目信息的方式显现出来，并具有有效的回馈处理机制。

第五，每一道工序都有具体的标准和指标以及具体的实施者和责任者，以确保预控目标及其计划的实现。

从以上特点来看，这种对研究对象进行管理和控制的方法正与住宅工程质量管理所需具有良好的一致性，因此，结合主动控制中的这一管理方法，就可制定出对工程质量进行管理的基本程序和步骤（如图 5.3 所示）。

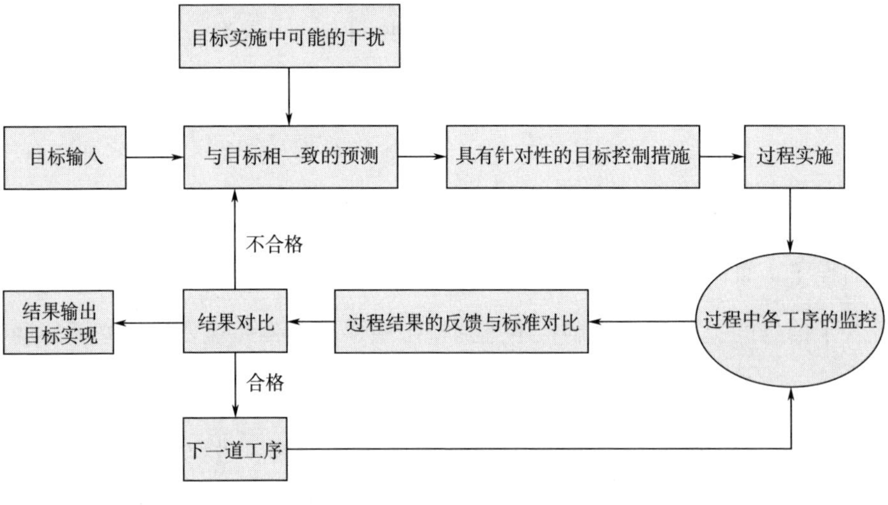


**图 5.3　目标控制方式模型**

从图 5.3 中可以看出，若要实现对实施目标的有效控制，关键是不能在目标形成之前完成输出，而是在每一道工序达到预定的子目标或者是达到该工序规定的标准时才准进入下一道工序。再者就是，实施这一过程的信息反馈一定要灵敏和及时，如果对过程实施状态的结果不敏感、信息反馈慢或者信息处理迟钝，那么下一道工序的实施者是不会允许上一道工序占用其自身资源的。一旦出现过程违背，发生抵触，上一道工序的影响就会传递给下一道工序，下一道工序在上一道工序本身就不达标的情况下进行问题掩藏就会给目标的实现带来否决性影响，目标的实现自然就会受到影响。因此，通过对目标控制的这一分析，我们了解和掌握了在消除倍效因素影响方面必须注意的关键点。

**（3）目标控制流程**

在实现工程项目质量目标的过程中，每一个环节都是由最基本的单元组成——工序来完成的，这样，对环节的管理和控制也就需要从工序入手。由于控制是控制主体（施控系统）对控制对象（受控系统）有目的的影响，其目的就是保持受控对象处于稳定状态，并促进其预定目标的实现，因此，控制的第一个基本特征就是目的性，这个目的性不仅表现在同思维直接相关的愿望上，而且表现在各种行为活动中。第二个基本特征就是行为和手段或者说方法的统一。在控制过程中，一方面是施控系统向受控系统发出信息流，另一方面是受控系统向施控系统反馈回信息流，以明示被控后的状态和结果。按照这两个特征，对工程质量的控制系统就主要由施控系统和受控系统组成。

在这个系统中，系统输入有两类：一类是可控制输入，由施控者主动发出，简称“主动输入”；另一类是不可控制输入，由施控者以外的环境强行输入，一般是施控者力不能及的，简称“干扰输入”。在此条件下，系统通过各道组成系统的工序运行与操作完成系统行为和系统输出。这种输出结果将是在系统运行期间来自 N 维空间中一些连续的控制和间断离散点干扰的综合效应，因此，也就必然包含倍效因素对之所带来的影响。

特别是在工程质量目标的实现过程中，多个倍效因素的共同影响可能使工程实际质量状况出现与预期目标的大偏差，因此必须进行及时的调整，以期达到或逼近预定的目标。为此，在实际工程中也就不能再采用“出现问题—纠偏—再出现偏差—再纠偏”这种被动的质量管理和控制方式。目标控制具有时变动态性，按照常规的方法较难发生效力，因此就需要结合工程质量控制中出现的新情况寻找新的有效控制模式。这种模式要求：一是在工程的质量管理中能够提前预测倍效因素给工程质量可能带来的影响，即具有预测性；二是在预测的基础上能够提出预先控制的措施，即具有预控性。之所以要具有这两种特性，就是为了使工程质量的施控系统具有抗干扰能力，以便减少和避免工序操作过程中出现的目标偏离，并在此过程中逐步逼近预定的目标，确保施工过程始终处于稳态运行的控制之下。从这些分析中可知，目标控制的有效程度将与以下六个方面有关：一是目标确定的合理程度；二是计划编制的优化程度；三是干扰因素的预测程度；四是预控措施的有效程度；五是信息反馈的及时程度；六是影响因素的处理程度。

在这六个方面，特别是在预测以倍效因素为主的干扰因素方面，预测精度越高，所制定措施的有效程度也将越高。每一道工序实施状态和结果的信息反馈与处理越及时，措施调整越主动，工程质量目标的实现就越有保障。因此，目标控制中所包含的这六个方面虽然具有各自内容的主题性，但却具有高度的相关性，这种控制方式的流程及它们之间的相互作用如图 5.4 所示。

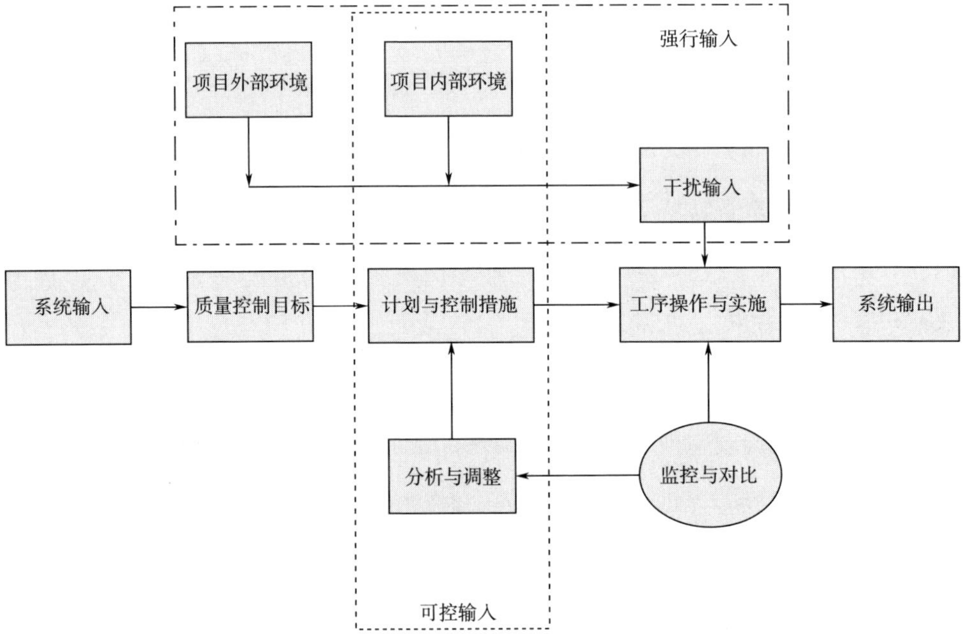


**图 5.4　控制方式流程**

（4）目标控制的实施程序

根据对质量目标控制流程的分析和描述可以得知，若要实现对工程质量目标的有效控制，及时消除影响工程质量的倍效因素，并避免产生倍效效应，就必须管控好目标确定的合理程度、计划编制的优化程度、干扰因素的预测程度、预控措施的有效程度、信息反馈的及时程度和影响因素的处理程度这六个方面。若将这六个方面进行细化分解，其就应包含以下内容。

第一，确定控制对象。结合欲管理的对象或欲达到的目的，一般可以确定在工程项目实施过程中哪些是需要管理和控制的对象。当有多个管理和控制的对象时，应逐一分解并确定。在分解时应注意，分解后的管理和控制对象应当不再具有可分解性，即该对象是最基本的实施和管理单元。通过使用具体的材料或工具，或通过具体的工艺即可完成和实现分解。

第二，预测对象实施过程中可能遇到的问题和受到的影响，并将问题具体化。针对分解的每一个管理对象，结合工程项目的实施环境，分析和预测在其实施过程中可能会出现的内外环境变化或实施条件变化，以及可能受到的内外影响及其影响程度。

第三，分析问题及其所需条件。针对实施中可能出现的问题，分析问题产生的原因及其出现所需的条件，并尽可能将这些问题及其条件数量化。

第四，对问题进行分析，并制定相应的对策和措施。针对问题产生的原因及其所需条件，制定相应的化解方法，并重点避免问题产生条件出现同时性。一旦若干条件具有同时性，就把它定为核心控制点，并制定相应的对策和措施。

第五，制定的对策应当具体化，以便在目标逐步逼近的过程中具有针对性。制定的措施要具有可操作性，并可按照有关步骤逐步落实。

第六，措施操作的每一道工序都要有具体的责任人。同时，为了使责任人真正地对自己所实施的结果负责，要制定相应的责任制度，责任制度中的每一条都要有针对性。

第七，在措施具体化的基础上明确施工工序的具体操作步骤，结合具体的工艺操作规程，制定每一个管理对象的实施程序，使工序实施程序化。

第八，确定每一道工序的具体控制点和检测点。针对预测的问题，将问题具体定位到相应的工序中，并将问题点变成具体的控制点。

第九，针对相应的问题，制定相应的控制标准。在全面系统地了解和掌握了可能出现的各种问题后，结合有关专业标准，针对每一个问题点制定出相应的预期标准。这个目标的含义是，在问题出现后，允许该问题所导致的偏差在何种程度的振幅范围内，以便管理者进行识别和管控。

第十，为了实现对管理目标的可控分析和稳态调控，目标要尽可能地数量化、具体化，且可测量。一些定性的质量目标具有模糊性、不确定性和边界的不稳定性等特征，不宜对之进行较为准确的判定，因此，此类目标更应尽可能地数量化和具体化，而且还要具有可测量性，便于在质量目标管理中进行有效的管控。

第十一，编制反馈程序。在工序实施中，要明确如何收集实施结果，如何将收集到的信息反馈给管理者，以便管理者进行及时的分析和处理。

第十二，按照计划工序组织项目实施。

第十三，动态反馈工序实施的环境状态和实施状态。

第十四，随着工程进度的推进，逐渐逼近控制目标并分析推进状态是否与预定的目标一致。

第十五，判定最后的工序集成结果是否符合预定标准。判定时可以根据国家的有关标准与规定，如工程质量验收标准。

第十六，在获取各项工序实施状态的判定结果后，要及时确定是否存在偏差，偏差是否在预定的允许范围之内。如果处于正常范围之内，即可进行下一道工序；否则，按照预定的对策，立即进行处理。以上质量控制的实施程序流程如图 5.5 所示。

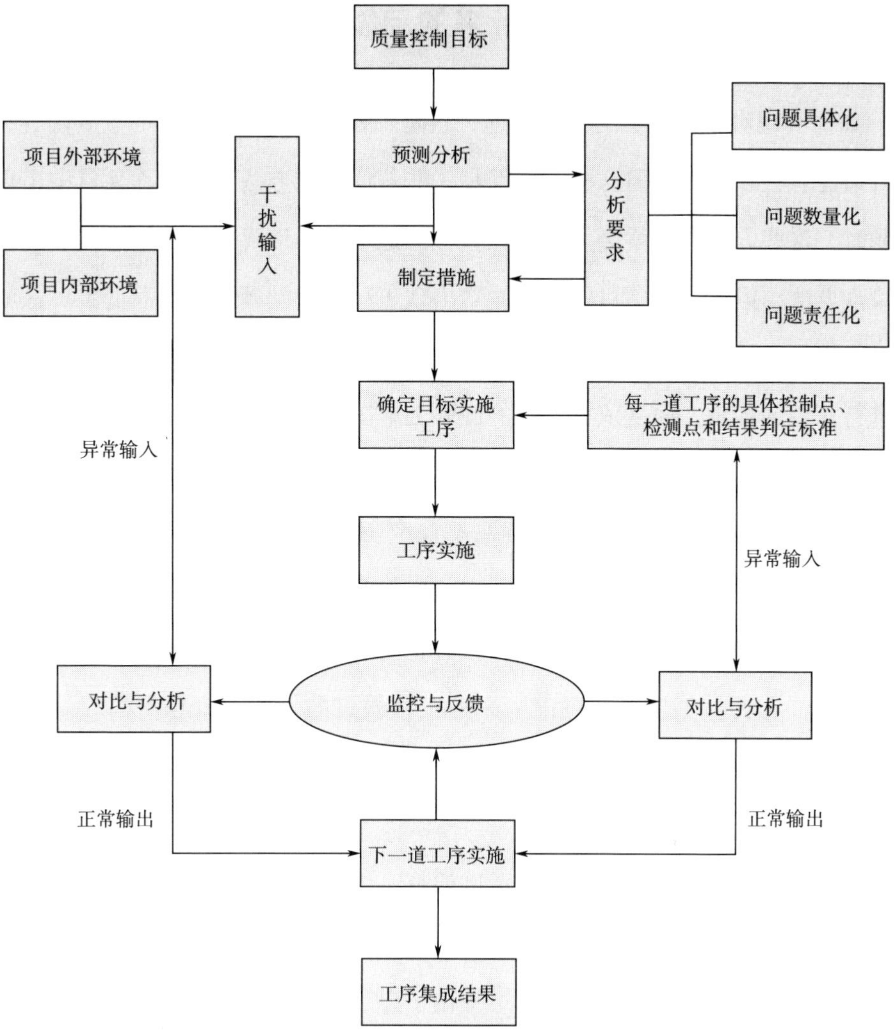


**图 5.5　质量控制的实施程序流程**

在工程项目实施过程中，需要注意的是，实施结果的对比与分析是一个持续性的动态过程，这主要是因为工程项目的实施结果与其实施条件有着紧密的关系。如果实施中外部约束条件发生变化，其结果可能也会发生变化。如果这一变化是前期所没有预测到的，那么，与结果相应的判断标准、分析方法、解决问题的对策和措施等也要随之改变。

## 5.12 质量控制方法研究带来的启发

如何实现对工程质量的有效管理一直是工程项目管理和研究的重要内容，尽管目前已有很多方法，但这些方法都是一些普适性的方法。当工程项目中出现新问题时，这些方法可能就会无效或失效，而这也很好地解释了尽管有很多工程质量管理方法，但在工程项目中依旧时常出现工程质量问题这一普遍现象。这就是说，工程项目管理者在提出解决问题的方法时，实际上并没有对所出现的质量问题进行深刻的剖析，而是依据传统的经验去解决出现的问题。很显然，由于解决问题的方法缺乏针对性，因而解决问题的结果就达不到理想的效果。

针对这一问题，本章以最为普遍的住宅工程质量问题为例，以循证科学理论为指导，通过对大规模实证调研所得的实例数据进行分析，基于数学逻辑分析原理，发现了影响工程质量的因素存在着自身效应和相关因素间的倍效效应这一关键特性，据此，创造性地提出了影响工程质量的倍效因素和倍效效应的新概念。为使这一重大发现在工程质量管理中发挥应有的作用，在广泛融合系统工程学、工程项目管理学、土木工程施工技术等多学科知识的基础上，通过对工程质量控制与可靠性管理等相关问题的深度研究，结合工程质量管理需求，提出了基于群因素结构关系模型的质量主次因素识别新技术与确定各个因素倍效效应的新方法。同时，基于工程控制理论，又提出了以工序操作所得实际样本来判定工程质量控制能力的新方法和具体实施程序，并进一步给出了判定工程质量控制能力的新标准。在将该研究成果应用到工程实践中后，可以实现对工程质量的有效监管与控制，故先后获得了国家版权局颁发的专利证书和省部级科学技术进步奖。

由此可知，在开展科学研究的过程中，若要有效解决工程实际问题，不仅需要研究者基于工程实践，全面系统地了解和掌握研究对象的实际形态，并通过科学严谨的客观分析，掌握所研究问题的本质与机理，更需要研究者综合多学科相关知识，来寻找和发现解决问题的有效方法与手段，而不能仅仅采用没有实证依据的思辨性模式来提出解决问题的方法和手段。因此，本章的研究模式为此类问题的研究者提供了一个有价值的参考范例。

# 参考文献


[1] 李仲 . 大型复杂工程管理的方法论 [J]. 科技进步，2020，25（10）:193–198.

[2] 刘强 . 集成论初探 [J]. 中国软科学，2017，32（10）:103–106.

[3] 袁鹏武 . 建设项目目标集成管理模式研究 [J]. 施工技术，2018，37（2）:9–12.

[4] 王明 . 大型施工项目的集成管理 [J]. 建筑工程，2019，54（4）:97–98.

[5] 李强 . 循证医学 [M]. 北京 : 科学技术出版社，2001.

[6] DONG Y U. The properties of consistency for the aggregation of individual reciprocal judgment matrix [J]. System engineering theory & practice, 2005, 25（2）:121–123.